Jörg Berger

STACHLIGE ELTERN UND SCHWIEGERELTERN

Jörg Berger

Stachlige Eltern und Schwiegereltern

Wie Sie Konflikte befrieden und versöhnt leben

Francke

Über den Autor:

Jörg Berger, Psychotherapeut und Beziehungsexperte, kommt selbst aus einem herausfordernden Elternhaus, hat Psychologie studiert und vielen Menschen geholfen, Konflikte mit den Eltern zu befrieden. Seine Bücher, Zeitschriftenartikel und Vorträge haben über 100.000 Menschen erreicht und in befreiender Weise inspiriert.

www. pschotherapie-berger.de

MIX
Papier aus verantwortungsvollen Quellen
FSC® C014138
FSC www.fsc.org

Bibliografische Information Der Deutschen Nationalbibliothek
Die Deutsche Nationalbibliothek verzeichnet diese Publikation
in der Deutschen Nationalbibliografie;
detaillierte bibliografische Daten sind im Internet
über http://dnb.dnb.de abrufbar.

ISBN 978-3-96362-299-1

35037 Marburg an der Lahn
Illustrationen im Innenteil: Thees Carstens
Umschlagbild: © iStockphoto.com / AndreaObzerova
© Pixabay / Berho
Umschlaggestaltung: Francke-Buch GmbH
Satz: Francke-Buch GmbH
Printed in Czech Republic

www.francke-buch.de

Inhalt

Einleitung: Stachlige Eltern und Schwiegereltern

Ihre Eltern haben Ihnen das Leben geschenkt. Und wenn Sie verheiratet sind, haben Ihre Schwiegereltern den Menschen hervorgebracht, den Sie lieben. Auch wenn Sie liiert sind, sind die Eltern Ihres Partners wichtig. Deshalb haben wir Eltern und Schwiegereltern viel zu verdanken. Die Bindung zu ihnen lässt sich nie ganz auflösen. Deshalb trifft es auch erwachsene Kinder, wenn ihre Eltern schwierig sind. Die Begegnungen mit ihnen frustrieren, verletzen oder fühlen sich sogar bedrohlich an. Manchmal arbeiten sich erwachsene Kinder jahrelang an der Beziehung zu ihren Eltern ab. Doch heute haben sie mehr Möglichkeiten, als sie denken.

Als ich ein kleiner Junge war, habe ich mir ein Abendgebet ausgedacht, vermutlich nach dem Vorbild von Gebeten, die ich im Kindergottesdienst gehört habe: »Danke für meine guten Eltern und meine Schwester.« Erst später ist mir bewusst geworden, dass ich mir auch deshalb gute Eltern bewahrt habe, weil ich mich sehr an sie angepasst habe. Ich war ein braver Junge. Ich habe meine Gefühle für mich behalten und sie stellenweise ganz betäubt. Meine Ideen und Bedürfnisse habe ich nur dort ausgelebt, wo sich meine Eltern nicht von mir bedroht oder gereizt gefühlt haben. Jeden Schritt über diese unsichtbare Grenze hinaus habe ich mit Schlägen, bedrohlich heftigem Schimpfen und Beschämung bezahlt. Gleichzeitig haben meine Eltern viel Liebe gezeigt, wo sie es konnten. Sie haben ihr Bestes gegeben. Sie haben mir mehr gegeben, als sie selbst als Kinder von ihren Eltern empfangen haben.

Wenn Sie dieses Buch zur Hand nehmen, ist Ihnen vermutlich die Last vertraut, die Kinder schwieriger Eltern tragen. Wir fühlen uns unendlich schuldig, wenn wir aussprechen, dass wir schlecht behandelt worden sind. Wir zweifeln lieber an uns selbst. Wir suchen nach dem Trick, der uns in die Kinder verwandelt, mit denen die Eltern ganz zufrieden sind und denen sie ihre besten Seiten zeigen können. Es fällt uns heute noch schwer, uns gegen schlechte Behandlung zu wehren. Stattdessen gleichen wir lieber aus und verhindern angestrengt ein Scheitern.

Bei mir ist es gut ausgegangen. Meine Braver-Junge-Masche hat mir wohlwollende Erzieherinnen und Lehrer, gute Noten, aufgeschlossene Mitmenschen und schließlich eine liebe Frau eingebracht. Mein frühes Interesse für Psychologie – warum wohl? – hat mich in einen Beruf geführt, der mir viel Freude macht. Mit meinen Eltern habe ich einen versöhnlichen Weg gefunden, auch wenn das Kraft gekostet hat und auch heute manches nicht möglich ist, was schön wäre. Meine Geschichte habe ich unter den Fallbeispielen dieses Buches versteckt.

In meiner Praxis habe ich viele Menschen begleitet, die einen ähnlichen Weg gegangen sind. Eine umfassend schöne Beziehung zu den Eltern ist leider nicht immer möglich. Aber Konflikte befrieden und eine versöhnte Haltung finden, das liegt in unserer Hand. Viele leiden als Erwachsene unter den Folgen einer belastenden Kindheit. Sie sind unschuldige Opfer schädlicher Verhaltensweisen, die sie als Kind erlitten haben. Sie spüren die Folgen in ihrer Gefühlswelt, ihrem Selbstbild und ihren Beziehungsmustern. Doch es bleibt ihnen nichts, als heute das Beste daraus zu machen. Menschen verwandeln den alten Mist zu Dünger für ein fruchtbares Leben. Zu erleben, wie das immer wieder gelingt, gehört zu den schönsten Momenten meines Berufes. Von seinen Eltern kann man keine Wiedergutmachung fordern. Umso wichtiger ist aber, dass sich betroffene Kinder heute schützen. Sie sollten nicht weiter Opfer schwieriger Verhaltensweisen der Eltern werden. Wo das gelingt, tritt ein Gefühl der Befreiung ein. Alte Schäden beginnen zu heilen. Was dafür wichtig ist, habe ich in diesem Buch zusammengetragen.

Eine kleine Gebrauchsanweisung

Die sieben Kapitel über grenzüberschreitende, blendende, abwertende und andere Eltern richten sich vor allem an erwachsene Kinder, die einen besseren Weg mit ihren Eltern finden wollen. Doch auch für Schwiegerkinder finden sich viele Anregungen. Wenn Sie vor allem unter Ihren Schwiegereltern leiden, können Sie das Kapitel »Schwiegerkinder« zuerst lesen. Dort beschreibe ich die besonderen Risiken und Chancen, die in der Rolle der Schwiegertochter und des Schwiegersohnes liegen. Danach können Sie sich den übrigen Kapiteln zuwenden.

Vielleicht haben Sie gerade eine ganz konkrete Not mit Ihren Eltern oder Schwiegereltern. Springen Sie daher ruhig direkt in das Kapitel, das Ihre Eltern oder Schwiegereltern am besten beschreibt. Die Überschriften, Illustrationen und Checklisten zu Beginn der Kapitel geben Ihnen Anhaltspunkte. Vermutlich werden Sie rasch einen Aha-Effekt haben: »Ja, das trifft ziemlich gut, was ich mit meinen Eltern erlebe.« In dem entsprechenden Kapitel finden Sie Erste Hilfe und auch den Weg, den Sie in den nächsten Begegnungen gehen können. Von dort aus können Sie Ihr Wissen über stachlige Eltern erweitern und auch in andere Kapitel hineinlesen. Sie werden dort weitere Anregungen finden, die Ihnen Erleichterung und neue Handlungsmöglichkeiten bringen. Hier stelle ich Ihnen stachlige Eltern und Schwiegereltern im Überblick vor:

Eltern, die Grenzen überschreiten. Sie wissen immer noch, was gut und richtig ist. Deshalb reagieren sie in Entscheidungen ihrer erwachsenen Kinder hinein. Sie wollen deren Leben und manchmal sogar das ihrer Enkel bestimmen. Wenn sich erwachsene Kinder wehren, führt das zu zähen Diskussionen und beleidigten Reaktionen.

Eltern, die abwerten. Sie urteilen über ihre Kinder nach ihren eigenen Maßstäben. Das haben sie immer schon gemacht. Sie tun es heute noch. Wer aus der Reihe tanzt, muss schmerzliche Kommentare und herabsetzende Kritik fürchten.

Eltern, die blenden. Sie führen ein Leben, das Eindruck macht. Das gibt erwachsenen Kindern das Gefühl, klein und unzureichend zu sein. Doch schlimmer ist, dass Kinder heute hinter die Fassade blicken. Das enttäuscht, denn ihre Eltern halten längst nicht alles, was deren Auftreten und Worte versprechen.

Eltern, die Energie rauben. Sie sprechen gern über ihre Sorgen, über ungelöste Probleme und über die Not der Welt. Auch erwachsene Kinder fühlen sich verantwortlich. Sie würden so gerne helfen, fühlen sich aber hinterher nur ausgesaugt. Warum sorgen die Eltern nicht selbst dafür, dass es ihnen gut geht?

Eltern, die bestrafen. »Habe ich etwas falsch gemacht?«, fragen sich erwachsene Kinder, wenn Eltern etwas tun, das wie eine Strafe wirkt. Tatsächlich sind die Eltern empfindlich und lassen es Kinder heute noch spüren, wenn ihnen etwas nicht passt: durch beleidigten Rückzug, verletzende Bemerkungen, Liebesentzug oder den Entzug von Unterstützung.

Eltern, die vermeiden. Sie wollen nichts hören und sehen von dem, was sie überfordern könnte. Deshalb verschließen sie ihre Augen vor dem, was Kinder beschäftigt. Sie verschließen ihr Ohr, wenn Kinder Unterstützung bräuchten. Kinder fühlen sich im Stich gelassen und enttäuscht.

Eltern, die einschüchtern. Wer sich ihnen unterordnet, findet bei ihnen Rückhalt und Unterstützung. Doch wehe, man behauptet sich ihnen gegenüber. Dann findet man sich in bedrohlichen Machtproben wieder und muss heftigen Wortwechseln, Angriffen und Drohgesten standhalten.

Falls Sie Schwierigkeiten haben, Ihre Eltern einem Kapitel zuzuordnen, kann das zwei Gründe haben. Vielleicht haben Sie anfangs noch nicht den Abstand, den Sie bräuchten, um die Probleme klar zu sehen. Vor allem die Frage – »Liegt es an mir oder an ihnen?« – kann für Verwirrung sorgen. Dann werden Sie beim Lesen allmählich mehr Abstand und Klarheit gewinnen. Doch auch wenn Ihnen die Zuordnung nicht gleich gelingt, können Sie mit den Empfehlungen dieses Buches nichts falsch machen. In allen Kapiteln finden Sie bewährte Strategien, die Konflikte befrieden und Kompromissen eine Chance geben. Wenn Sie allerdings etwas ausprobieren, das überraschend gut hilft, ist der Stachel Ihrer Eltern vermutlich in diesem Kapitel zu finden.

Vielleicht können Sie Ihre Eltern oder Schwiegereltern auch deshalb schwer zuordnen, weil sie mehrere schwierige Verhaltensweisen zeigen. Das kann ich an einem Beispiel erläutern. Es gibt immer mehr Veröffentlichungen, die narzisstische Eltern beschreiben. Narzissmus ist allerdings ein sehr kompliziertes Konzept. Wenn Sie drei Fachleute fragen, worum es beim Narzissmus genau geht, erhalten Sie wahrscheinlich drei verschiedene Antworten. Das liegt vor allem daran, dass sich eine narzisstische Störung ganz unterschiedlich zeigen kann. Im Stachel-Konzept gesprochen verhalten sich narzisstische Eltern abwertend, selbstdarstellerisch und grenzüberschreitend – je nach Person in ganz unterschiedlichen Mischungsverhältnissen. Narzissten allerdings, die scheitern und dadurch in Selbstwertkrisen geraten, schüchtern auch ein, rächen sich oder werden zu Energieräubern, die selbst ihre Kinder ausbeuten. Ein Elternteil mit ausgeprägtem Narzissmus kann also fast alle schwierigen Verhaltensweisen zeigen, die ich in diesem Buch beschreibe. Kinder narzisstischer Eltern können aber herausfinden, mit welcher Kombination schwieriger Verhaltensweisen sie konfrontiert sind. Dann zeichnet sich ein Weg ab: In Situationen, in denen sie zum Beispiel mit Abwertungen konfrontiert sind, wenden sie Strategien gegen abwertendes Verhalten an. In anderen Situationen reagieren sie entsprechend mit Strategien aus einem anderen Kapitel. Das erfordert eine besondere Wachsamkeit und Beweglichkeit. Betroffene Kinder brauchen Geduld, bis sie Situation für Situation eine gute innere Haltung und hilfreiche Reaktionen finden. Das macht Begegnungen mit der Zeit immer leichter und sicherer.

Vereinfachungen

Um Ihnen ein angenehmes Leseerlebnis zu bieten, habe ich mir einige Vereinfachungen erlaubt. Genau genommen müsste ich häufig schreiben: »Ihre Mutter oder Ihr Vater, Ihre Schwiegermutter oder Ihr Schwiegervater, und auch andere Elternfiguren, wie ein Stiefvater oder auch eine ältere Schwester, die eine Mutterrolle übernommen hat ...« Doch das möchte niemand mehr als einmal lesen. Ich schreibe daher »Eltern« und meine alles andere mit. Darin liegt noch eine weitere Vereinfachung, die einen psychologischen Grund hat. Eltern, die nicht schwierig sind, korrigieren sich gegenseitig. Wenn sich eine Mutter zum Beispiel vereinnahmend verhält, schaltet sich der Vater ein und hält dagegen: »Lass mal, Schatz. Unsere Kinder dürfen und sollen doch ihren eigenen Weg gehen.« Wenn sich ein Vater überkritisch äußert, wird ihn die Mutter mäßigen: »Walter, mach dich nicht zum Maß aller Dinge. Julia sind andere Dinge wichtig und das ist in Ordnung so.« Stachlige Eltern sind also auch deshalb stachlig, weil sie einander nicht korrigieren. Wenn Sie also noch beide Eltern haben und diese zusammenleben, bedeutet »grenzüberschreitende Eltern« genau genommen: »beide Eltern, die Grenzen ihrer Kinder überschreiten, jedoch häufiger ein Elternteil, das Grenzen überschreitet, und ein anderes, das dies unterstützt, verharmlost oder ignoriert«. Doch auch hier reicht es, wenn man sich das einmal bewusst macht.

Religiöse Überraschungen

»Stachlige Eltern und Schwiegereltern« ist in einem Verlag erschienen, der sich vor allem an kirchlich geprägte Leserinnen und Leser richtet. Sie schätzen, wenn ein Thema auch vom Glauben her betrachtet wird. Wer dieses Buch in einer christlichen Buchhandlung gekauft hat, weiß, was sie oder ihn erwartet. Genauso, wer in einem christlichen Medium auf das Buch aufmerksam geworden ist. Doch heute ist jeder Titel auch im Internet auffindbar. Dann kann es zu Überraschungen kommen wie der, die ein Leser in einer Online-Bewertung meines Buches »Stachlige Persönlichkeiten« beschreibt: »Die Geschichten mit Jesus sind für einen Christen vielleicht ganz nett, ich fand es belanglos und ich finde ein ganzes Kapitel über Religion hat in so einem Buch nichts zu suchen.« Daher bitte ich um Nachsicht, falls Sie von den Unterkapiteln überrascht werden, die sich mit der spirituellen Seite des Themas befassen. Sie können das jeweilige Unterkapitel überspringen. Doch Sie können es auch lesen und sich dabei fragen, wie Sie die spirituelle Frage, die dort aufgeworfen wird, von Ihrer Weltanschauung her beantworten. Das kann sehr spannend sein. Im Umgang mit Eltern und Schwiegereltern stellt sich zum Beispiel oft die Frage, wie hoch der Wert »Wahrheit« zu veranschlagen ist und wie viel es kosten darf, Eltern und Schwiegereltern die Wahrheit zuzumuten. Eine Frage wie diese wird nie wissenschaftlich zu beantworten sein. Sie ist spirituell in dem Sinne, dass sie über das Erforschbare hinausgeht. Um hier einen Standpunkt zu finden, muss man nicht unbedingt an Gott glauben. Deshalb könnten die Abschnitte zu spirituellen Fragen auch dann inspirierend sein, wenn Sie nicht aus der christlichen Tradition schöpfen, sondern eigene Antworten darauf suchen.

Gemeinsam mit Ihnen auf dem Weg

In stachligen Angelegenheiten habe ich inzwischen mehrere Hundert Menschen persönlich begleitet. Ich bin Tausenden auf Vorträgen und Seminaren begegnet und fühle mich mit Zehntausenden Leserinnen und Lesern verbunden. Warum ich mich über jede befreiende Erfahrung mitfreuen kann, ahnen Sie am Ende dieser Einleitung. Wenn Sie mit mir auf dem Weg bleiben wollen, tragen Sie sich gerne in den Stachel-Newsletter ein, den ich etwa alle sechs bis acht Wochen versende.

https://www.stacheln.com/newsletter

Und nun: Befreien wir uns auf kluge und liebevolle Weise von schlechter Behandlung, die wir nicht verdient haben! Leben wir versöhnte Beziehungen, in die nur die finden, die innere Freiheit gewonnen haben! Schenken wir denen unsere Leidenschaft und unseren Einsatz, die etwas damit anfangen können!

Auf diesem Weg mit Ihnen verbunden
Ihr
Jörg Berger

Wenn Eltern Grenzen überschreiten

Erwachsene Kinder – gibt es das eigentlich? Kann man zu seinen Eltern eine Beziehung auf Augenhöhe führen? Oder bleiben Kinder immer Kinder und Eltern immer Eltern? Wenn die Beziehung stimmt, lassen sich auch erwachsene Kinder von ihren Eltern umsorgen, einen Rat geben und unterstützen. Trotzdem respektieren Eltern die Sicht ihrer Kinder auf das Leben und deren ganz eigenen Lebensweg. Erwachsene Kinder fühlen sich dann ernst genommen und gleichwertig. Doch leider gelingt das nicht immer. Dann regieren Eltern noch immer in das Leben ihrer Kinder hinein. Beispiele dafür finden Sie in der Checkliste.

Checkliste »Grenzüberschreitungen«

- Versuchen Ihre Eltern, Ihre Entscheidung zu beeinflussen?
- Stellen Ihre Eltern manchmal mehr Nähe her, als Ihnen lieb ist?
- Ignorieren Ihre Eltern Ihre Wünsche, zum Beispiel bei Besuchen?
- Verheimlichen Sie manches vor Ihren Eltern, damit Sie nicht mit Ratschlägen bedrängt werden?
- Reagieren Ihre Eltern beleidigt, wenn Sie auf Ihren eigenen Sichtweisen und Entscheidungen bestehen?
- Setzen Ihre Eltern manchmal Dinge durch, mit denen Sie sich nicht wohlfühlen?
- Riskieren Sie unangenehme Auseinandersetzungen, wenn Sie den Wünschen Ihrer Eltern nicht nachgeben?

Wenn Sie zwei oder mehr dieser Fragen bejahen, überschreiten Ihre Eltern manchmal ihre Grenzen. Wie sich das auswirken kann, zeigen die folgenden Lebensgeschichten.

Einfluss, der einfach zu weit geht

- *Nähe erzwingen.* Nathalie fährt nicht gerne nach Hause, obwohl sie den Grund dafür nicht recht fassen kann. Es sind viele kleine Dinge, die ihr unangenehm sind. Ihre Mutter umarmt sie zum Beispiel überfallartig. Es gibt kein Lächeln, keinen netten Moment vorher. Die Mutter wartet kein Zeichen ab, ob Nathalie auch nach einer

Umarmung zumute ist. Sie bringt ihr außerdem kleine Mahlzeiten aufs Zimmer, obwohl Nathalie schon als Jugendliche dagegen protestiert hat. In Gesprächen fühlt sich Nathalie von ihrer Mutter ausgefragt. Wenn sie wieder nach Hause fährt, fühlt sich Nathalie mitgenommen und ausgelaugt. Kann es sein, dass man die eigene Mutter am liebsten nicht mehr sehen will? Noch dazu eine Mutter, die sich so viel Mühe gibt?

- *Nicht loslassen.* »Schon wieder ist Ulf am Telefon«, denkt sich Tanja. Es ist bereits das zweite Mal, dass seine Mutter heute anruft.
  Tanja blickt auf die Uhr. Sie wollten sich doch noch zusammensetzen und den Abend bei einem Glas Wein ausklingen lassen. Jetzt ist es eigentlich zu spät dafür. Es gab schon so viel Streit wegen der Schwiegermutter. Ulf sitzt zwischen den Stühlen.
  »Jetzt mache ich den Wein auf, oder?« Ulf klingt schuldbewusst. Trotzdem fügt er hinzu: »Samstag muss ich unbedingt noch mal zu Hause vorbeischauen.«
  »Wo ist denn dein Zuhause, bitte?«, denkt sich Tanja, versucht aber, entspannt zu wirken. Sie will nicht schon wieder streiten.

- *Ins Leben hineinregieren.* Kerstin könnte die Hilfe ihrer Eltern jetzt so gut gebrauchen. Ihr drittes Kind schläft schlecht. Sie geht auf dem Zahnfleisch. Aber es ist eine Katastrophe, wenn ihre Eltern kommen und helfen. In einem unbeobachteten Moment steckt ihre Mutter den Kleinen Süßigkeiten zu. Wenn Kerstin die Schokolade im Mundwinkel sieht und ihre Mutter zur Rede stellt, sagt die nur: »Das war nur *ein* Stückchen. Du hast doch auch gute Zähne, das Naschen hat dir nichts geschadet.«
  Kerstin hat den Vater gebeten, nach der Toilettenspülung zu sehen. Der entkalkt aber lieber ungefragt den Wasserkocher. Er hat heute sein Supermittel mitgebracht. Nach einem solchen Tag mit den Eltern ist Kerstin fix und fertig. Natürlich – es ist einiges erledigt, was sie ohne ihre Eltern nicht geschafft hätte. Aber dass alles nach dem Kopf ihrer Eltern gehen muss, das macht Kerstin so wütend. Ist es die Hilfe überhaupt wert, wenn es Kerstin hinterher schlecht geht?

- *Entscheidungen beeinflussen.* »Ist das wirklich mein Leben, das ich lebe?«, fragt sich Guido und blickt zurück. Als er zwei Semester Physik studiert hatte, wollte er das Studium abbrechen. Er konnte sich nicht für das Fach begeistern. Er fand keinen Draht zu den Mitstudenten. Guido erinnerte sich wieder daran, dass er als Jugendlicher eigentlich Sozialarbeiter werden wollte.
  Guidos Vater, selbst Physiker, reagierte entsetzt: »Wie willst du damit eine Familie ernähren? Sozialpädagogik ist doch keine Wissenschaft. Das passt nicht zu dir. Bei deiner Begabung. Sollen wir dir ein Studium bezahlen, das dich am Ende unglücklich macht?«
  Guido wurde unsicher.
  »Pass auf«, sagte Guidos Vater und klang verständnisvoll. »Solche Studienkrisen erlebt doch jeder mal. Wenn du jetzt durchhältst, sieht es bald wieder anders aus. Wie wäre es, wenn wir dir in den Semesterferien einen tollen Urlaub spendieren? Flieg doch einfach mal mit einem Freund nach Kreta und spann mal richtig aus.«
  Zerstreut hat das Guidos Zweifel nicht. Trotzdem ließ er sich überreden. Heute ist er Physiker. Er kommt irgendwie zurecht, aber immer wieder überfallen ihn Zweifel an seinem Leben. Wenn Guido noch mal entscheiden dürfte, würde er seinem Herzen folgen.

Solche Eltern-Kind-Geschichten spielen sich in tausend Varianten ab. Gemeinsam ist ihnen: Auch erwachsene Kinder verlieren ihre Freiheit in der Beziehung zu den Eltern. Sie können sich kaum wehren, denn vieles lähmt die Gegenwehr. Allem voran sind es doch die eigenen Eltern. Man möchte dankbar sein und sie nicht kränken. Die Eltern haben sich außerdem ein Gewohnheitsrecht auf ihre Grenzüberschreitungen erarbeitet. Schließlich haben sie es immer schon so gemacht. Es ist schwer, etwas zu ändern, das schon immer so war. Schließlich zermürben die Auseinandersetzungen. Wenn man dann nicht einmal etwas erreicht: Soll man sich den Kampf nicht lieber sparen und die Grenzüberschreitungen einfach ertragen? Doch warum bringen Eltern die eigenen Kinder nur so in Bedrängnis?

Ein Familienerbe von Entrechtung und Überverantwortlichkeit

Nicht immer geben grenzüberschreitende Eltern preis, welche Erfahrungen sie geprägt haben. Doch wenn sie das tun, offenbaren sie, wie sie als Kind um ihre Rechte betrogen wurden. Eltern erzählen dann Geschichten von Missbrauch, Demütigung und Ausgrenzung. Es gibt aber auch andere Lebensgeschichten, in denen Kinder ihrer natürlichen Rechte beraubt wurden. Kinder wurden mit einem Übermaß an Verantwortung allein gelassen. Sie mussten sich zum Beispiel um jüngere Geschwister kümmern oder eine erwachsene Person unterstützen, die durch eine Krankheit oder eine Alkoholabhängigkeit hilfsbedürftig war. Ein Kind wird auf unfaire Weise in eine Verantwortung gedrängt und verliert so sein Recht auf Unbeschwertheit und Schutz. Auf solche Erfahrungen kann ein Kind unterschiedlich reagieren. Aber eine Entwicklung ist hier besonders naheliegend. In vielen Kindern formt sich eine kämpferische Bereitschaft, für die eigenen Rechte einzustehen. Sie entwickeln einen starken Willen. Sie treten bestimmend auf und lassen nicht locker, bis sie ihr Recht durchgesetzt haben.

Wo man entrechtet wird, kann ein kämpferisches Verhalten sinnvoll sein. Doch in anderen Situationen ist es eine Überreaktion. Sie raubt anderen, die auf den Kampf nicht vorbereitet sind, ihre Freiheit. Gegenüber den eigenen Kindern braucht man schon gar nicht kämpferisch aufzutreten. Denn die lieben und brauchen ihre Eltern doch und würden fast alles für sie tun. Doch grenzüberschreitende Eltern erleben selbst das Verhalten kleiner Kinder als Kampfansage: ihr Quengeln, ihre Trotzanfälle, ihren Widerspruch. Sie brechen daher den Willen ihrer Kinder, vereinnahmen sie und beeinflussen ihre Kinder so stark, dass sich die Geschichte von Entrechtung in der nächsten Generation fortschreibt.

Wer die Geschichte erahnt, die hinter dem Verhalten grenzüberschreitender Eltern steht, kann sich besser einfühlen. Die Eltern meinen es nicht böse. Sie wollen lieben und suchen Liebe, sind aber in ihrer Geschichte gefangen. Das entschuldigt ihr Verhalten nicht. Aber es erleichtert es, ihnen auf taktvolle, respektvolle und liebevolle Weise Grenzen zu setzen.

Grenzen befrieden

Wer in schwierigen Situationen Grenzen befrieden will, muss sich von einem Irrtum befreien: Probleme löst man durch gute Kommunikation. Diese Vorstellung ist so verbreitet, dass wir sie gar nicht infrage stellen. Doch Kommunikation hilft nur, wenn reife Menschen miteinander sprechen. Denn sie fühlen sich den Regeln der Fairness verpflichtet. Sie haben auch das Wohl des Gesprächspartners im Blick. Probleme mit unfairen Menschen entscheiden sich nicht durch Kommunikation, sondern durch Machtausübung: Wer kann sich im Zweifelsfall durchsetzen? Natürlich gebrauchen wir auch Worte, wenn wir Macht ausüben. Doch dann geht es nicht um Reden und Verstehen. Wir machen durch Worte klar, warum wir im Recht sind und nicht nachgeben werden. Wir kündigen zur Not mit Worten an, welche Folgen ein unfaires Verhalten für den anderen haben wird.

Wenn Reden also keine Erfolgsaussichten hat, dann stehen Sie vor der Frage, ob Sie eine positive Macht haben. Wenn ja, können Sie eine faire Lösung auch gegen den Willen Ihrer Eltern durchsetzen. Wenn Sie jedoch in der Situation, um die es geht, keine Macht haben, dann müssen Sie auch ein unfaires Ergebnis ertragen. Unterschätzen Sie daher niemals, wie wichtig eine gute Machtposition ist. Manchmal kann man nur dann gelassen kommunizieren, weil man sich durchsetzen kann, falls ein anderer die Kommunikation scheitern lässt.

Damit sind wir auch schon zum Kern vorgedrungen: Warum genau leiden Sie unter den Grenzüberschreitungen? Weil Ihre Eltern einfach ihren Willen durchsetzen, ganz gleich, was Sie vorher kommuniziert haben. Wo Sie sich an die Regeln der Fairness halten, Ihre Eltern aber nicht, da herrscht ein Machtgefälle. Ihr Nervensystem registriert das genau und reagiert mit einer Stressreaktion. Die Machtfrage ist die entscheidende Frage dieses Kapitels, auch wenn das traurig ist. Damit stehen Sie vor einer Aufgabe, die Sie selbst nicht gewählt hätten: Sie lernen, die Machtfrage richtig einzuschätzen, eine positive Macht zu ergreifen und diese so liebevoll und fair wie möglich zu gebrauchen.

Den eigenen Weg gehen

Wenn Kinder erwachsen werden, lösen sie sich von ihren Eltern ab. Idealerweise ist das ein natürlicher, entspannter und fröhlicher Prozess. Eltern lassen los, auch wenn ihnen das manchmal schwerfällt. Sie freuen sich, dass ihre Kinder ihren eigenen Weg gehen, und schenken ihnen Rückhalt. Grenzüberschreitende Eltern dagegen machen die Ablösung schwer. Sie reagieren beleidigt, wenn Kinder ihren eigenen Weg gehen. Sie fühlen sich um ihren Einfluss betrogen. Oft machen sie eine bedrückende Rechnung auf: Weil wir für dich da waren, musst du dich nach uns richten. Doch niemand muss aus Dankbarkeit auf ein eigenes Leben verzichten. Die folgenden Tipps helfen dabei, den eigenen Weg auch gegen Widerstand zu behaupten.

Nicht mehr so oft auf Empfang sein. Die Botschaften grenzüberschreitender Eltern kann man mit einer politischen Propaganda vergleichen oder mit der Gehirnwäsche einer Sekte. Wenn man ihr lange genug ausgesetzt ist, beginnt man die Botschaft zu glauben. Deshalb sollten sich Kinder fragen: Wie lange kann ich mich meinen Eltern aussetzen, ohne dass es mich beeinflusst? Dementsprechend lang oder kurz bleiben Kinder zu Besuch. Sie überlegen sich, wie viel sie den Eltern vom eigenen Leben mitteilen. Statt den Eltern lange zuzuhören, wenn sie wieder Einfluss nehmen wollen, wechseln sie das Thema.

Einen eigenen Standpunkt einnehmen. Grenzüberschreitende Eltern machen es ihren Kindern schwer, zu sich selbst zu stehen. Doch die Beeinflussungsversuche Ihrer Eltern können Sie auch stark machen. Denn diese zwingen Sie geradezu, einen Standpunkt einzunehmen: »Das denke ich« – »So fühle ich« – »So bin ich« – »So möchte ich leben«. Machen Sie sich klar, wo Sie stehen, und äußern Sie Ihren Standpunkt kurz, klar und gelassen. Vielleicht argumentiert ein Elternteil dagegen. Doch Sie haben Ihren Standpunkt bezogen. Niemand muss sich für seine Sicht der Dinge entschuldigen, niemand seine Prioritäten rechtfertigen. Diskussionen können Sie taktvoll beenden, indem Sie das Thema wechseln, einen Tee kochen oder einen Ortswechsel vorschlagen. Später lesen Sie noch Tipps, wie Sie darauf bestehen können, dass Ihnen Ihre Eltern keine unnützen Diskussionen aufzwingen.

Eltern taktvoll sagen, dass sie zu weit gehen. Ein hilfreicher Trick heißt in der Fachsprache »Metakommunikation« – wenn ein Gespräch nichts mehr bringt, kann man zum Thema machen, wie man gerade miteinander spricht. Das geht auch, ohne die Eltern zu belehren, zum Beispiel so:

- »Mama, ich bin eine andere Persönlichkeit als ihr. Ich gehöre zu einer anderen Generation. Deshalb werde ich unsere Kinder nach anderen Maßstäben erziehen, als ihr mich erzogen habt. Das ist nicht schlimm, macht euch keine Sorgen. Ihr habt das Recht gehabt, nach eurer Überzeugung zu erziehen. Dieses Recht habe ich auch. Je mehr ihr erwartet, dass ich mich in der Erziehung nach euren Vorstellungen richte, desto mehr frustriert euch das. Das möchte ich nicht, das wäre doch schade.«
- »Papa, ich merke, dass du sehr Anteil nimmst, wie ich das Problem mit meinem Chef löse. Ich habe sogar das Gefühl, dass du dich allmählich ärgerst, weil ich das auf eine andere Weise tue, als du es tun würdest. Du brauchst dich aber gar nicht so verantwortlich zu fühlen. Weißt du, was? Ich bin an dieser Stelle einfach anders als du. Ich denke, fühle und entscheide anders. Das ist gar nicht schlimm. Jeder darf seine Herausforderungen auf seine eigene Weise angehen. Alles andere würde sowieso nicht funktionieren. Mach dir keine Sorgen. Ich komme schon mit dem Ergebnis klar.«
- »Frauke, ich habe den Eindruck, es quält dich, dass ich manchmal anders denke und entscheide, als ihr es in der Familie getan hat. Aber genau deswegen liebt mich euer Lars: Weil ich ihn hier ergänzen kann und mit mir etwas Neues in sein Leben kommt. Mach dir keine Sorgen, wir sind glücklich mit unseren Entscheidungen. Natürlich werden wir dabei auch Fehler machen, aber wir halten zusammen und könnten auch damit umgehen, falls mal etwas schiefgeht.«

Die drei Personen in den Beispielen haben den Vater, die Mutter und die Schwiegermutter taktvoll damit konfrontiert, dass ihr Einfluss zu weit geht. Ihren eigenen Sichtweisen und Entscheidungen haben sie so mehr Raum verschafft. Das lassen selbst grenzüberschreitende Eltern in aller Regel stehen. Schwieriger wird es allerdings, wenn es darum geht, wie man die Beziehung zu Eltern lebt, also zum Beispiel wie Besuche ablaufen und wie man sich gegenseitig hilft. Hier dürfen natürlich beide Seiten mitreden. Doch wie kann das gelingen, wenn Eltern hier auf einem übertriebenen Einfluss bestehen?

Finden Sie Grenzen und Konsequenzen

Persönliche Grenzen verlaufen individuell. In den folgenden Beispielen gebe ich Ihnen Einblick in die Grenzen, die erwachsene Kinder gesteckt haben. In allen Situationen kann man die Grenzen auch enger oder weiter stecken, so wie man es ganz persönlich fair und der Beziehung angemessen findet.

- »Wenn mir meine Mutter aus Sorge Ratschläge gibt, dann ist das o. k. für mich, auch wenn ich mich dabei nicht wohlfühle. Sie meint es ja gut. Aber wenn sie mich mit einem Ratschlag bedrängt und mich zu etwas überreden will, dann geht mir das zu weit.«
- »Mein Vater darf am Telefon auch mal lauter und emotionaler werden, das ist eben sein Naturell. Aber wenn es mir einmal zu viel wird und ich protestiere, dann möchte ich, dass er sich etwas mäßigt.«
- »Meine Eltern müssen nicht alles so machen wie wir, wenn unsere Kinder bei ihnen sind. Aber zwei Dinge gehen absolut nicht: sie Filme für Erwachsene mitschauen lassen oder ihnen Horrorgeschichten von Krankheiten oder vom Krieg erzählen.«

Ein wenig entspannt es schon, wenn man sich seiner Grenzen sicher ist. Aber nur ein wenig. Denn nach den Erfahrungen, die Sie mit Ihren Eltern gemacht haben, stellt sich natürlich die Frage: Was passiert, wenn Sie Grenzen setzen, Ihre Eltern diese aber weiterhin überschreiten? Grenzen können Sie nur behaupten, wenn Sie zur Not eine Konsequenz einsetzen können, die Ihre Grenze verteidigt. Faire, natürliche Konsequenzen wären zum Beispiel:

- »Wenn mich mein Vater weiter mit Ratschlägen bedrängt oder meine Entscheidung beeinflussen will, dann teile ich weniger von meinem Leben mit und wir unterhalten uns eben über andere Themen.«
- »Wenn meine Eltern weiterhin unangekündigt vor der Haustür stehen, dann muss ich sie auch einmal wegschicken, selbst wenn das beiden Seiten wehtut.«
- »Wenn meine Mutter ungefragt Dinge in unserem Haus umräumt, weil sie es anders besser findet, dann treffen wir uns für eine Weile nicht mehr bei uns zu Hause, sondern im Restaurant oder für einen Spaziergang.«

Auf diese Weise befrieden Sie Ihre Grenzen. Entweder respektieren Ihre Eltern die Grenze, oder die Konsequenz verhindert weitere Grenzüberschreitungen. Vielleicht gibt es allerdings Situationen, in denen Ihnen keine gute Konsequenz einfällt. Oder Ihnen ist zwar klar, wie Sie auf die nächste Grenzüberschreitung reagieren wollen, doch die negativen Folgen einer Konsequenz wären zu groß. Dann müssen Sie noch einmal darüber nachdenken, ob Sie Ihre Grenzen nicht doch an einer anderen Stelle ziehen. Das ist in folgendem Beispiel geschehen.

Nehmen wir an, Ihre Mutter stellt neugierige Fragen über Ihr Leben und dringt in Ihre Privatsphäre vor. Die Grenze wäre dann: Ich entscheide selbst, was ich von mir erzähle. Doch Ihre Mutter betreut Ihre Tochter an zwei Nachmittagen. Sie fragt Ihre Tochter geschickt aus und erfährt auf diese Weise Dinge, die Sie lieber für sich behalten würden. In dieser Konstellation können Sie kaum verhindern, dass Ihre Mutter Ihre Tochter ausfragt. Natürlich dürfen Sie Ihre Mutter bitten, dies nicht zu tun, und erklären, warum Sie sich damit nicht wohlfühlen. Aber wenn Ihre Mutter diese Grenze nicht akzeptiert, können Sie nichts tun. Denn vermutlich wollen Sie weder auf die Betreuung verzichten noch Ihrer Tochter die schönen Stunden mit der Oma nehmen. In solchen Fällen können Sie die Grenze anders ziehen, zum Beispiel so: »Es ist zwar nicht in Ordnung, wenn meine Mutter unsere Sarah ausfragt, aber dann leben wir eben eine Weile transparenter als uns lieb ist. Aber wenn meine Mutter so frech ist und mit mir auch noch über das reden möchte, was sie von Sarah erfahren hat, dann stoppe ich das Gespräch. Das kann ich durchsetzen.« Diese Grenze – kein Gespräch über Themen, die Sie für sich behalten wollen – können Sie nun behaupten. Dazu stehen Ihnen einige faire Konsequenzen zur Verfügung: Sie können beharrlich das Thema wechseln, den Raum verlassen, etwas anderes erledigen oder einfach nicht weiter auf das Thema eingehen und das Gespräch so ins Leere laufen lassen.

Die Lösung liegt also in der Wahl der Konsequenzen. Hier klärt sich die Machtfrage. Denn eine Grenze ist nur dann eine Grenze, wenn Sie diese zur Not mit einer Konsequenz behaupten können. Deshalb lohnt es sich, wenn Sie mögliche Konsequenzen sorgfältig bedenken:

- Dient diese Konsequenz dazu, mich vor weiteren Grenzüberschreitungen zu schützen? (Oder würde ich mit der Konsequenz versuchen, meine Eltern zu bestrafen oder zu erziehen?)
- Könnte ich diese Konsequenz auch länger durchhalten? (Oder würde ich sie wahrscheinlich irgendwann zurücknehmen, weil ich sie selbst zu hart finde?)
- Hätten meine Eltern eine Möglichkeit, die Konsequenz zu unterlaufen und falls ja, was mache ich dann?

Wenn Sie diese Fragen befriedigend beantworten können, gewinnen Sie eine innere Sicherheit. Falls nicht, haben Sie die Machtfrage im ersten Anlauf vielleicht nicht richtig eingeschätzt. Dann müssen Sie einen Schritt zurückgehen und Ihre Grenze an einer anderen Stelle ziehen.

Mit der inneren Sicherheit gewinnen Sie auch Autorität. Ihre Worte klingen klar, Ihre Körpersprache wirkt fest und entschlossen. Eltern spüren das. Trotzdem stehen Sie zunächst vor einer Herausforderung. Denn gewohnheitsmäßig reagieren grenzüberschreitende Eltern beleidigt und kämpferisch auf Grenzen. Das hängt mit ihrer Geschichte von Entrechtung und Überverantwortlichkeit zusammen. Verhindern können Sie es nicht, dass sich Ihre Eltern gekränkt, zurückgewiesen oder ungerecht behandelt fühlen, wenn Sie eine Grenze mitteilen. Doch Sie können diese Gefühle abschwächen.

Teilen Sie Ihre Grenzen taktvoll mit

Falls Sie sich selbst noch wütend und ohnmächtig fühlen, müssen Sie vielleicht noch warten. Denn egal, was Sie sagen, es würde in dieser Gefühlslage scharf, distanziert oder vorwurfsvoll klingen. Sie können Zeit gewinnen, indem Sie einen Satz wie diesen sagen: »Ich fühle mich gerade überhaupt nicht wohl und muss mir erst mal über meine Gefühle und Wünsche klar werden. Ich komme noch mal darauf zurück.« Später werden Sie dann freundlicher wirken und können taktvolle Worte wählen, also Worte, die auf Kritik, Vorwürfe, Bewertungen verzichten, natürlich auch auf Ironie, Spott und eine Unterstellung böser Absichten. Nur in einer Hinsicht sollten Sie die Höflichkeitsregeln brechen. Denn Höflichkeit fordert eigentlich eine Begründung, wenn man eine Grenze setzt. Doch grenzüberschreitende Eltern fühlen sich durch jede

Begründung zu einer weiteren Diskussion eingeladen. Deshalb sollte man entweder auf die Begründung verzichten oder sie so subjektiv und vage formulieren, dass man kaum über sie diskutieren kann. Das klingt dann zum Beispiel so.

- »Oh, lass uns über etwas anderes sprechen. Ich würde mich nicht wohl damit fühlen, wenn ich dir Dinge aus unserer Ehe erzähle.«
- »Danke für deinen Rat. Mein erstes Auto ist etwas Besonderes für mich. Da entscheide ich lieber nach meinem Bauchgefühl.«
- »Natürlich könnte ich mich mal wieder bei Tante Doris melden. Aber ich habe mich zuletzt um den Kontakt bemüht. Ich möchte Beziehung nicht einseitig leben. Das mache ich aus Prinzip nicht.
- »Klar könnte ich Lara auch anders erziehen, als ich es tue. Aber ich tue es so aus Überzeugung.«

Die Personen in den Beispielen haben ihre Grenze sehr taktvoll mitgeteilt. Gleichzeitig haben sie ihre Grenze nur scheinbar begründet: »Nicht wohlfühlen«, »Bauchgefühl«, »aus Prinzip«, »aus Überzeugung« sind keine wirklichen Gründe. Trotzdem klingen auch Scheinbegründungen höflich. Das Taktgefühl hat es den Betroffenen außerdem erleichtert, in der Sache sehr klar zu sein. Sie nehmen einen Standpunkt ein, der weder zu Verhandlungen noch zu Missverständnissen einlädt. Nun sind die Eltern am Zug. Sie können die Grenze akzeptieren, dann ist die Beziehung dadurch geschützt und ein besseres Miteinander wird möglich. Die Eltern können die Grenze natürlich auch ignorieren oder gegen sie ankämpfen. Dann folgen Konsequenzen.

Lassen Sie feinfühlig Konsequenzen folgen

Beim Stichwort »Konsequenzen« denken wir unwillkürlich an Erziehung. Doch auch wenn wir unter Erwachsenen sind, hat unser Verhalten natürlich Folgen: Wenn ich eine Freundschaft vernachlässige, dann werde ich sie vielleicht verlieren. Wenn ich gegenüber dem Chef respektlos bin, hat das Folgen für meine Karriere. Unter Erwachsenen dienen solche Konsequenzen nicht der Erziehung. Sie sind die natürlichen Folgen unseres Verhaltens. Denn je nachdem, wie ich mich verhalte, gewinne oder verliere ich Vertrauen, kann Nähe genießen oder auch nicht, öffnet sich ein anderer für eine Zusammenarbeit oder verweigert sie mir. Wenn wir in diesem Kapitel über Konsequenzen sprechen, haben wir das Miteinander unter Erwachsenen im Blick.

In vielen Fällen liegt eine Chance darin, mögliche Konsequenzen anzukündigen. Denn das schafft für die Eltern einen Anreiz, die Grenzen künftig zu achten. Das muss nicht wie eine Drohung klingen:

»Ich fühle mich häufig hinterfragt, wenn ich dir etwas aus meinem Leben erzähle. Manchmal habe ich sogar den Eindruck, du würdest gerne meine Entscheidungen beeinflussen. Denkst du, du könntest mich mehr stehen lassen und vielleicht sogar wertschätzen, wie ich die Dinge sehe und wie ich entscheide? Wenn nicht, möchte ich mich nicht mehr so öffnen.«

»Ich lasse Lewis und Marie nicht mehr gerne allein bei euch. Nach den Besuchen haben sie oft über etwas geredet, das sie bei euch im Fernsehen gesehen haben und das ihnen Angst gemacht hat. Wir haben ja schon darüber gesprochen. Wenn ihr das anders seht, dann kommen sie eben dann wieder, wenn sie alt genug sind für solche Sendungen. Und in der Zwischenzeit sind wir bei den Besuchen dabei. Das wäre aber schade, denn in vielem seid ihr wunderbare Großeltern.«

Solche Konsequenzen lassen beide Seiten frei. Die Eltern können auf Ihre Wünsche eingehen oder auch nicht; und Sie bleiben darin frei, wie Sie darauf reagieren. Das beendet Diskussionen und Kämpfe. Allerdings dürfen Sie den Einfallsreichtum grenzüberschreitender Eltern nicht unterschätzen. Sie haben schließlich ein Leben lang trainiert, den Wunsch und Willen anderer zu unterlaufen.

Bleiben Sie standhaft

Was muss man tun, damit ein anderer seine Grenzen wieder aufgibt oder verschiebt? Dazu eignen sich zwei Taktiken. Zum einen kann man den anderen mit kleinen Aggressionen bearbeiten. Weil jeder Mensch ein Harmoniebedürfnis hat, hat man ganz gute Chancen, dass der andere irgendwann nachgibt. Außerdem kann man versuchen, Macht über das Gewissen des anderen zu gewinnen. Auch ein schlechtes Gewissen lässt andere nachgeben. Diese Taktiken setzen grenzüberschreitende Eltern oft ein, wenn sie vor einer Grenze stehen, die ihnen nicht gefällt. Das ist nicht böse gemeint und nicht immer bewusst. Eltern haben einfach das Gefühl, die Grenze sei ungerecht und benachteilige sie. Mit geduldiger Zermürbung haben sie schon viele Grenzen zu Fall gebracht. So hört es sich an, wenn Eltern sticheln oder ein schlechtes Gewissen machen.

- »Wie geht es dir? Ach so, aber ich soll ja nicht mehr so persönlich werden.«
- »Wenn ihr für uns überhaupt noch einen Platz im Terminkalender findet ...«
- »Hoffentlich machen wir diesmal nicht wieder etwas falsch.«
- »Euch ist ja Familie nicht mehr so wichtig.«
- »Die Kinder von Frau Müller schauen jeden Tag bei ihr vorbei.«
- »Wie es euch wohl geht, wenn Lasse später einmal sein eigenes Leben führt und sich kaum noch bei euch meldet?«

Wer solche Sticheleien hört, kommt sich schlecht vor. Man fühlt sich kleinlich, lieblos, egoistisch und gemein. Lassen Sie sich von solchen Gefühlen aber nicht irremachen. Sagen Sie sich: »Es ist nur eine Stichelei. Vielleicht ist es meinen Eltern nicht einmal bewusst, dass sie mich gerade so bearbeiten. Die Sticheleien sollen mich dazu bringen, meine Grenzen zu verrücken. Aber genau das werde ich nicht tun.«

Ihr Gewissen können Sie erleichtern, wenn Sie sich bewusst machen, dass Ihre Eltern ja jederzeit eine schöne, nahe Beziehung haben könnten. Wer das nicht aus den eigenen Möglichkeiten heraus schafft, dem stehen in unserer Gesellschaft viele Beratungsangebote offen: Beratungsstellen, kirchliche Seelsorge und Psychotherapie. Es ist nur die ungesunde, schädliche Beziehung, die Sie begrenzen. Die Tür zu einer schönen und gesunden Beziehung bleibt offen.

Die Tür zu einem Neubeginn offen lassen

Menschen ändern sich. Vielleicht bemerken Sie eines Tages: Meine Eltern können meine Freiheit besser respektieren. Sie lassen meine Sichtweisen stehen, auch wenn sie etwas anders sehen, und kommen mit meinen Entscheidungen klar, auch wenn sie selbst anders entschieden hätten. Erwachsene Kinder werden dann sogar von Verständnis überrascht und grenzüberschreitende Eltern bedauern, dass sie früher zu weit gegangen sind. Viele Faktoren können zu einer positiven Entwicklung beitragen: das Alter, das emotionale Prägungen manchmal abschwächt und milder macht; Lebenserfahrung, die zu Selbsterkenntnis führt; ein Scheitern, aus dem Eltern etwas lernen; ein spirituelles Interesse in der zweiten Lebenshälfte, durch das ein Elternteil sein Leben nach neuen Grundsätzen führt. Dann wird es Ihnen nicht schwerfallen, behutsam Ihre Grenzen zu öffnen und wieder mehr Nähe oder Gemeinsamkeiten zuzulassen.

Solche Veränderungen deuten sich in vielen kleinen Signalen an. Man darf sie aber auf keinen Fall mit einer taktischen Pause verwechseln, die grenzüberschreitende Eltern einlegen, wenn sie den Bogen überspannt haben. Sie halten sich für eine Weile zurück, bis die Wehrhaftigkeit ihrer Kinder wieder nachlässt. Dann mischen sich Eltern wieder ein, zunächst vorsichtig und bald in alter Vehemenz. Nach einer Zurückhaltung Ihrer Eltern sollten Sie daher nicht gleich Ihre Grenzen öffnen, auch wenn das eine Versuchung sein kann. Ein gutes Gewissen dürfen Sie trotzdem haben, denn für den Fall einer echten Veränderung bleibt die Tür zu einem Neubeginn offen.

Wer möchte, kann in größeren Abständen – vielleicht alle zwei Jahre – einen Beziehungstest machen. Dann öffnen Kinder ein wenig ihre Grenze und schauen, was passiert. Sie können auch einmal ein ehrliches Wort sagen und prüfen, ob es auf fruchtbaren Boden fällt:

- »Eigentlich würde ich dir gerne mehr erzählen. Aber ich habe Angst, dass ich mich dann für meine Gefühle und Entscheidungen rechtfertigen muss.«
- »Richtig entspannt bin ich nie, wenn du mich besuchst. Vielleicht ist meine Angst übertrieben, aber ich erwarte immer Streit, wenn ich bestimmte Dinge so machen möchte, wie ich es gut und richtig finde.«
- »Ich vermeide viele Themen, über die ich eigentlich gerne mit dir sprechen würde. Ich habe so viele Situationen in Erinnerung, in denen wir gestritten haben oder in denen ich geschwiegen habe, damit wir nicht streiten.«

Wenn Sie an der Körpersprache Ihrer (Schwieger-)Mutter oder Ihres (Schwieger-)Vaters eine Abwehr erkennen, dann lassen Sie es so stehen. Wenn Sie dagegen eine Offenheit wahrnehmen, können Sie noch an einem Beispiel deutlich machen, was Sie meinen. Dann aber sollten Sie das Thema wechseln und abwarten, ob Ihre Eltern die Einladung, die in Ihren Worten liegt, erkennen können und annehmen wollen.

Grenzüberschreitungen machen uns deshalb so zu schaffen, weil sie uns von zwei Seiten in die Zange nehmen. Um uns wohlzufühlen, brauchen wir Frieden. Es ist bedrohlich, wenn uns jemand ständig in Auseinandersetzungen verwickelt. Deshalb geben wir im Zweifelsfall lieber nach. Darüber hinaus packen uns Grenzüberschreitungen an unserem Gewissen, denn sie geben uns das Gefühl, dass wir egoistisch, kleinlich, lieblos usw. sind, wenn wir unsere Grenzen verteidigen. Mit unserer Sicherheit und unserem guten Gewissen stehen zwei existenzielle Bedürfnisse auf dem Spiel. Menschen, die ihre Sicherheiten und ihr Gewissen spirituell verankern, sind hier noch besser aufgestellt.

Eine Spiritualität der Freiheit

Die biblische Tradition betont die Wertschätzung, die Eltern von ihren Kindern erfahren sollen. Sie tut es so stark, dass manche Therapeuten im vierten Gebot – du sollst deine Eltern ehren – einen Komplizen missbräuchlicher Eltern sehen. So schreibt die Psychologin Alice Miller: »... sehr viele Vertreter der helfenden Berufe [scheinen] durch unsere Moral stark daran gehindert zu sein (...), den einst mißachteten Kindern beizustehen und die Folgen der früh erlittenen Verletzungen zu erkennen. Sie stehen unter der Macht des Vierten Gebotes, das uns vorschreibt, unsere Eltern zu ehren, ›damit es uns gut ergehe und wir länger leben können‹. (...) Es ist bezeichnend, dass wir seit mehreren tausend Jahren mit einem Gebot leben, das bisher kaum jemand in Frage stellte, weil es die physiologische Tatsache der Bindung des mißachteten Kindes an seine Eltern unterstützt. Wir verhalten uns also, als ob wir alle immer noch Kinder wären, die die Gebote ihrer Eltern nicht in Frage stellen dürfen.«[1]

Können Glaubende hier überhaupt in eine Freiheit gegenüber den Eltern finden? Ja, denn sie gehen eine Bindung ein, die noch höher

---

1 Alice Miller (2012): Die Revolte des Körpers. Suhrkamp Verlag, Frankfurt am Main. S. 14; 17.

steht als die Bindung an die Eltern. Noch mehr als von den Eltern empfangen Glaubende ihr Leben von Gott. Als Antwort darauf genießen sie das Geschenk des Lebens. Sie entfalten es und führen es so, dass es auch zur Freude und zum Gewinn für andere wird. Je mehr sich Glaubenden erschließt, dass Gottes Liebe zuerst den Leidenden und Benachteiligten gilt, desto mehr engagieren sie sich für dieses Herzensanliegen Gottes. Spirituelle Freiheit bedeutet dann: Wo immer die Bindung an die Eltern gegen die Bindung an Gott steht, da lassen Glaubende die Bindung an die Eltern hinter sich. Im Leben Jesu finden wir dafür Beispiele, die wir in keiner heiligen Schrift erwarten würden. Als Jesus öffentlich auftritt, denkt seine Mutter, er sei verrückt geworden. Auch seine Geschwister denken das. Sie suchen Jesus, um ihn nach Hause zu holen (Markus 3,21). Nun steht die familiäre Bindung gegen den Weg, den Jesus gerade eingeschlagen hat. Wie reagiert er? Das ist uns so überliefert:

> »Wer ist meine Mutter, und wer sind meine Brüder?« Dann wies er mit der Hand auf seine Jünger und fuhr fort: »Seht, das sind meine Mutter und meine Brüder! Denn wer den Willen meines Vaters im Himmel tut, der ist mein Bruder, meine Schwester und meine Mutter« (Matthäus 12,49-50; NGÜ).

Jesus löst sich aus der Bindung an seine Herkunftsfamilie und definiert seine Zugehörigkeit neu: Er bindet sich an die, die Gottes Willen tun. Hier teilt er nun sein Leben, schenkt und empfängt Liebe, gibt und findet Unterstützung. Wir sehen schon an dieser kurzen Episode, was spirituelle Freiheit ausmacht. Jesus weiß, was ihn ausmacht, wozu er da ist und wer zu ihm gehört. Heute würden wir sagen: Er kennt seine Identität. Aus seiner Bindung an Gott ergibt sich, wem Jesus zugehörig ist und welchen Prioritäten er verpflichtet ist. Diese behauptet er gegen andere Einflüsse und Verpflichtungen, selbst wenn diese aus der eigenen Herkunftsfamilie kommen. So stellte Jesus die Bindung an Gott über die Bindung an die Familie. Dabei geht er weit, sehr weit. Das zeigt eine Begebenheit, die uns Lukas überliefert:

»Zu einem anderen sagte Jesus: ›Folge mir nach!‹ Er aber antwortete: ›Herr, erlaube mir, zuerst noch nach Hause zu gehen und mich um das Begräbnis meines Vaters zu kümmern.‹ Jesus erwiderte: ›Lass die Toten ihre Toten begraben. Du aber geh und verkünde die Botschaft vom Reich Gottes!‹« (Lukas 9,59-60; NGÜ).

Dies war sicher eine außergewöhnliche Situation. Meist können und dürfen wir unsere Verpflichtungen gegenüber den Eltern erfüllen. Aber wo familiäre Bindungen vom Weg des Glaubens abhalten, da gilt: Du darfst dich mit gutem Gewissen aus der Verpflichtung lösen. Grenzüberschreitende Eltern machen ihre Kinder unfrei. Hier führt der Glaube keineswegs in eine Unterwerfung gegenüber den Eltern. Im Gegenteil, er führt in eine wehrhafte Freiheit. Die Liebe zu den Eltern bleibt, die Wertschätzung auch, doch Liebe und Wertschätzung bedeuten nicht, sich von den Eltern beeinflussen zu lassen. Es finden sich immer Möglichkeiten, den Eltern Liebe zu zeigen, ohne sich dabei von seinem Lebensweg abbringen zu lassen. Jesus zum Beispiel vertraut die Fürsorge für seine Mutter seinem Schüler Johannes an. Vom Kreuz herab spricht er beide an:

»Als Jesus seine Mutter sah und neben ihr den Jünger, den er besonders geliebt hatte, sagte er zu seiner Mutter: ›Liebe Frau, das ist jetzt dein Sohn!‹ Dann wandte er sich zu dem Jünger und sagte: ›Sieh, das ist jetzt deine Mutter!‹ Da nahm der Jünger die Mutter Jesu zu sich und sorgte von da an für sie« (Johannes 19,26-27; NGÜ).

Wenn Ihre Eltern um Einfluss kämpfen, dürfen Sie den Blick erst mal von den Eltern abwenden. Dann fragen Sie sich: Wo liegen in dieser Frage eigentlich meine Prioritäten? Wofür benötige ich Kraft und Zeit? Dient das, was meine Eltern wollen, meinen Lebensaufgaben? Wenn Sie diese Fragen beantwortet haben, wissen Sie, wo Ihre Grenze verläuft. Das macht Sie sicherer darin, Ihre Grenze zu benennen und zu verteidigen: nicht gegen Ihre Eltern, sondern für ein Leben, das sich von Gottes Liebe leiten lässt.

Eine versöhnte Beziehung leben

Mit grenzüberschreitenden Eltern leben Sie versöhnt, wenn an den Grenzen Frieden herrscht. Manchmal lässt sich dieser Friede nur erreichen, wenn man mehr Abstand herstellt. Dann sind manche Dinge wie Gespräche über kritische Themen oder längere Besuche nicht mehr möglich. Das ist traurig. Aber dafür herrscht Friede. Manchmal kehrt auch Friede ein, wenn Sie Ihre Grenzen behaupten. Ein klarer

Standpunkt, taktvoll, aber ausdauernd vertreten, hat manchmal eine erstaunliche Wirkung. Auch das ist etwas traurig. Denn es ist kein Friede, der auf Offenheit und Vertrauen beruht. Es ist ein wehrhafter Friede, der Grenzen nötigenfalls verteidigt. Er führt zu einem versöhnten Herzen, das Angst, Ohnmacht und Zorn loslassen kann und sich dort für liebevolle Begegnungen öffnet, wo dies möglich ist. Wo es nicht möglich ist, führt der eigene Weg von den Eltern weg. Doch eine bessere Zukunft steht den Eltern immer offen.

Wenn Eltern abwerten

Wer, wenn nicht die Eltern, sieht, was ihre Kinder wirklich ausmacht: ihre Persönlichkeit, ihre Begabung und das, was sie motiviert? Wer, wenn nicht die Eltern, könnte mitfühlen, wenn sich bei Kindern auch Schwächen zeigen oder wenn sie mit etwas kämpfen? Eltern kennen das ganze Bild, in das sie glanzvolle und schwache Momente einordnen. Eltern sind der erste Spiegel, in den Kinder blicken. Aus den Reaktionen ihrer Eltern erschließen Kinder, wer sie sind. Manche Kinder haben jedoch ein Leben lang in einen Zerrspiegel gesehen. Die Reaktionen ihrer Eltern haben ihnen ein falsches Bild gezeigt. Darin erschienen Schwächen und Fehler übergroß. Ihre liebenswerten, besonderen Seiten dagegen konnten Kinder darin kaum sehen. Diese Erfahrung schmerzt auch erwachsene Kinder noch, besonders, wenn sie sich heute fortsetzt. Wie sich das auf die Beziehung zu den Eltern auswirkt, zeigt die folgende Checkliste.

Checkliste »Abwertungen«

- Steht die Wertschätzung Ihrer Eltern auf dem Spiel, sobald etwas geschieht, was die Eltern kritisch sehen könnten?
- Urteilen Ihre Eltern hart, wenn Sie Pannen, Misserfolge oder Rückschläge erleben?
- Führen Ihre Eltern Dinge, die nicht so gut laufen, auf Ihr Unvermögen oder schlechte Charaktereigenschaften zurück?
- Distanzieren sich Ihre Eltern manchmal so von Ihnen, dass Sie sich wie ein schlechter Mensch fühlen?
- Machen Ihre Eltern immer wieder Bemerkungen, die Ihren Selbstwert angreifen?
- Können Ihre Eltern nicht wertschätzend wahrnehmen, wie Sie als Mensch wirklich sind, was Ihnen wichtig ist und wie Sie Ihr Leben führen?
- Ist mit Ihren Eltern kaum ein Gespräch möglich, ohne dass Sie von ihnen bewertet werden?

Jeder Mensch braucht das Gefühl, als Person grundsätzlich in Ordnung zu sein und etwas Gutes aus seinem Leben zu machen. Doch genau dieses Gefühl erschüttern abwertende Eltern. Das trifft auch noch erwachsene Kinder, wie die folgenden Fallgeschichten Ihnen zeigen.

Eltern, die sich ein Urteil anmaßen

- *Nie richtig sein, wie man ist.* Julians Vater ist ein schweigsamer Mann, der im Leben alles richtig gemacht hat. Er ist zum Abteilungsleiter aufgestiegen. Er hat das schöne Haus gebaut und kümmert sich um alles, was ansteht. Seit Jahrzehnten spielt er bei den Blechbläsern der Kirche, heute leitet er das Ensemble. Zu alledem hat er sich aufopfernd um seine Eltern gekümmert, bis diese verstorben sind. Kann Julian bei ihm überhaupt eine Schwäche entdecken? Gut, er könnte liebevoller zu Julians Mutter sein. Doch sein Vater würde sagen: »Ich bin doch liebevoll, nur ihre Unordnung, ihre seltsamen Ansichten, ihre nervtötenden Freundinnen regen mich auf. Dann gibt es halt mal Spannungen.«
  Im Grunde geht es Julian wie seiner Mutter. Kaum etwas in seinem Leben hält dem Urteil seines Vaters stand. Schon wegen seines Heuschnupfens – »Früher gab es das nicht« – fühlt sich Julian schlecht. Als Julian seinen ersten Gehaltszettel gezeigt hat, hat sein Vater gesagt: »Da musst du aber sparen, damit das mal für Wohneigentum reicht.« Manchmal hätte Julian am liebsten die Beziehung abgebrochen. Aber es ist doch sein Vater. Außerdem unterstützt ihn sein Vater sehr verlässlich: mit Geld, wenn eine Anschaffung für ein Auto ansteht, oder auch mit Hilfe, als Julian zum Beispiel ausgezogen ist. Aber ist es das wert, wenn sich Julian nach Besuchen so schlecht fühlt? Manchmal braucht es Tage, bis er innerlich wieder im Gleichgewicht ist. Wenn Julian Freunden begegnet, die selbstbewusst sind, tut ihm das weh. Andere können über ihre Schwächen lachen und Misserfolge gut wegstecken. Julian fragt sich dann, ob die Abwertungen seines Vaters nicht wie ein schweres Gepäck sind, das er mit sich herumschleppt.

- *Das Gefühl, ein schlechter Mensch zu sein.* Ist Helene auf dem besten Weg in die Hölle? Ihre Eltern gehören einer strengen Freikirche an. Als Kind war das schön für sie: Große Familien trafen sich häufig.

Helene genoss die Kindergottesdienste, die Ausflüge und Zeltlager. Doch als Jugendliche begann sie unter den Ansichten ihrer Kirche zu leiden: Normale Kleidung galt als aufreizend, weltliche Musik als gefährlich, die Bibel durfte nicht hinterfragt werden. Helene fand die Welt außerhalb der Kirche aber spannend. Sie liebte es, selbst zu denken. Als Frau demütig hinter dem Mann stehen und sich ganz auf die Familie konzentrieren? Das stieß Helene ab. Sie ging – anders als ihre Schwestern – ihren eigenen Weg. Doch das bezahlte sie mit der Erfahrung harter Verurteilung. »Du siehst aus, als würdest du dich an der nächsten Ecke verkaufen«, sagte der Vater zu ihr, weil ihr Rock nicht über die Knie reichte. Der Vater sagte das nicht etwa wütend oder verächtlich. Er war aufrichtig betroffen über Helenes Abweg. Deshalb war Helene zwar gekränkt, aber wütend sein auf den Vater konnte sie nicht. Sie schwieg. Wenn sie den Rock trug und ein Junge auf ihre Beine sah, schämte sie sich. Als Helene einmal ein Buch von Hermann Hesse las, fragte der Vater: »Das sind gottlose Gedanken, warum beschäftigst du dich damit?« Seit Helene ausgezogen ist und studiert, hat sich nicht viel verändert. Immer noch äußert sich der Vater kritisch und verurteilend. Obwohl Helene nicht sagt, was sie denkt, fühlt und was ihr heute wichtig ist, ist sie trotzdem angespannt, wenn sie mit dem Vater zusammen ist. Tut oder unterlässt sie vielleicht etwas, das ein hartes Urteil des Vaters auf sich zieht?

- *Wenn der Partner unzureichend ist.* »Hast du sie nur geheiratet, um uns eins auszuwischen?« Sebastians Mutter ist ausgerastet. Doch damit ist es endlich auf dem Tisch: Seine Mutter schätzt seine Frau wirklich nicht. Natascha ist ihr nicht gut genug, warum auch immer. Bestimmt denkt seine Mutter auch, dass sie nicht gut genug für ihn sei. Seine Mutter hat ihr negatives Urteil hinter einer Maske von Interesse und Fürsorge versteckt. Doch hinter den Fragen der Mutter, was Natascha beruflich noch vorhat, lag eben doch die Botschaft, dass sie nur eine Ausbildung hat und es für sie schwer ist, weiter aufzusteigen. Aber vielleicht muss Natascha gar nicht aufsteigen? Sie ist doch glücklich in ihrem Job. Je länger Sebastian darüber nachdenkt, desto mehr Situationen fallen ihm ein, in denen die Mutter Natascha beschämt hat. Ständig bringt sie irgendein

Thema auf, das Natascha unzureichend dastehen lässt. Kein Wunder, dass sich Natascha nicht willkommen fühlt. Warum kann die Mutter sie nicht einmal mit seinen Augen sehen? Und erkennen, was für ein wertvoller, begabter Mensch sie ist und wie glücklich sie ihn macht? Wie soll das weitergehen? Wird die Mutter nicht auch Nataschas Erziehung missbilligen, wenn sie einmal Kinder haben? Und wird sie nicht Eigenschaften der Enkel ablehnen, die diese von Natascha haben?

Abwertungen schmerzen. Sie greifen an, was wir sind und was wir aus unserem Leben machen. Sie treffen auch die Menschen, die wir lieben. Kritische Worte, die aus dem Mund der Eltern kommen, lassen sich nicht so leicht abschütteln. Denn auch erwachsene Kinder könnten die Wertschätzung ihrer Eltern gut brauchen. Doch die steht bei abwertenden Eltern immer auf der Kippe. Sie wittern Unvermögen und schlechte Absichten. Aus der Mücke eines Fehlers machen sie einen elefantösen Charaktermangel.

Abwertungen setzen sich auch deshalb in unserer Seele fest, weil sie meist ein Körnchen Wahrheit enthalten. Julian zum Beispiel wird in seinem Beruf tatsächlich weniger verdienen als sein Vater. Er wird vielleicht etwas sparsamer leben müssen als die Eltern. Das hat sich Julian natürlich auch überlegt. Doch er hat sich für den Beruf entschieden, der zu ihm passt und der ihn erfüllt. Trotzdem hinterlässt die abwertende Bemerkung seines Vaters ein ungutes Gefühl. Hat er richtig entschieden? Wie wertvoll ist sein Beruf wohl in den Augen anderer? Dann ärgert sich Julian darüber, dass die Worte seines Vaters so viel Macht über ihn haben. Doch wenn Abwertungen so verletzend, verunsichernd und belastend sind, warum urteilen Eltern dann so hart über ihre Kinder?

Ein Familienerbe kritischer Distanz

Manche Herkunftsfamilien sind nicht fähig, gut auf Kinder einzugehen und ein schönes Familienleben zu gestalten. Manchmal fehlt schlicht das Wissen, was Kinder brauchen und wie man reagiert, wenn sie schreien, quengeln, Aufmerksamkeit suchen oder aufsässig sind. Manchmal fehlt die Fähigkeit, auf die Widrigkeiten des Lebens entspannt zu reagieren und das Miteinander so zu gestalten, dass jeder dabei glücklich ist. Dieser Mangel kann auch Familien treffen, die gebildet und materiell gut gestellt sind. Dann haben Eltern meist kommunikative und soziale Fähigkeiten, ihnen fehlt aber das Einfühlungsvermögen, um ihre Fähigkeiten auch so einzusetzen, wie ihre Kinder das brauchen. Kinder machen dann die Erfahrung, einer unpassenden Versorgung und Erziehung ausgeliefert zu sein. Sie werden wachsam und nehmen alles in der Familie kritisch wahr. Manchmal versuchen sie sogar verzweifelt, die Eltern oder das Familienleben zu bessern. Wo das keine Chancen hat, gehen Kinder in einen inneren Rückzug und grenzen sich still von dem Unvermögen und der Rücksichtslosigkeit, von der Selbstbezogenheit und den moralischen Mängeln ab, die sie immer wieder erleben. Der Stachel »Abwertung« ist geboren. Denn so sinnvoll die kritische Haltung in der Familie gewesen sein mag, später setzt sie anderen Menschen zu.

Wer sich der Unfähigkeit seiner Familie ausgeliefert fühlt, versucht außerdem selbst klug, fähig und moralisch korrekt zu sein. Meist gelingt das auch und spätere Abwerter eignen sich viele Fähigkeiten und Tugenden an. Abwertende Menschen sind sich ihrer Qualitäten allerdings bewusst. Sie stellen sich dann über andere und urteilen über sie. Weil der Stachel »Abwerten« hart, distanziert und lieblos macht, kann es gut sein, dass abwertende Menschen ihren Kindern ähnliche Erfahrungen zufügen wie die, unter denen sie selbst gelitten haben. Hier liegt der Ursprung aller Probleme, um die es in diesem Kapitel geht. Wer ahnt, wie der Abwertungsstachel eines Elternteils entstanden ist, kann ihn etwas barmherziger sehen. Doch erst mal muss man sich in Sicherheit bringen.

Eine innere Unabhängigkeit finden

Kinder abwertender Eltern fragen sich häufig, warum ihnen die harten Urteile überhaupt noch etwas ausmachen. Sie haben heute doch ein eigenes Leben und Menschen in ihrem Umfeld, die wertschätzender sind als die Eltern. Doch wer eine ganze Kindheit lang abwertende Reaktionen erlebt hat, hat diese tief verinnerlicht. Erwachsene Kinder gehen mit ihren eigenen Fehlern und Schwächen hart ins Gericht. Sie zweifeln an sich, denn es gibt kaum etwas, das man nicht hinterfragen könnte, wenn man es nur kritisch genug betrachtet. Auch wenn

Kinder mit der Zeit an Selbstsicherheit gewinnen, wissen sie doch, wie sehr sie Kritik treffen kann. Kinder mit dieser Geschichte brauchen vor allem eines: ein wohlwollendes, faires, verständnisvolles und großzügiges Urteil über sich selbst. Wenn ich Menschen begleite, steht die Selbstkritik manchmal sogar im Mittelpunkt einer Therapie. Sie verursacht die Probleme und Symptome, die ein Mensch loswerden will. Für die Arbeit am inneren Kritiker gibt es viele wirksame Methoden. Eine ist besonders anschaulich. Ich stelle dann einen weiteren Stuhl in den Raum und bitte Betroffene, einmal dort Platz zu nehmen: »Hier sitzt Ihr innerer Kritiker. Wenn Sie hier sitzen, dürfen Sie so hart und streng über sich urteilen, wie es Ihnen in den Sinn kommt.« Betroffene sind sofort in der Lage, ihren inneren Kritiker zu vertonen. Sie sagen dann Sätze wie diese über sich: »Du bist doch selbst schuld an der Situation, weil ...« – »Du bist einfach nicht diszipliniert genug« – »Du bist so kompliziert und empfindlich« und vieles mehr.

»Sind das wirklich Ihre Gedanken?«, frage ich dann. »So kenne ich Sie gar nicht. Ich erlebe Sie im Umgang mit mir und anderen viel großzügiger.«

»Eigentlich bin ich nicht so hart und streng«, höre ich dann. »Aber mir gegenüber ... Es sind ja schon meine Gedanken.« Allmählich wird deutlich: Es sind im Grunde nicht die eigenen Gedanken, sondern die verinnerlichten Erfahrungen mit einem abwertenden Elternteil, die heute als innere Stimme wirksam sind.

Nun können sich erwachsene Kinder erklären, warum Abwertungen der Eltern noch heute eine solche emotionale Macht haben. Die Abwertung aktiviert den inneren Kritiker. Der gibt den Eltern recht, selbst wenn deren Urteil hart und ungerecht ist. Das kann noch tagelang verletzte Gefühle, Niedergeschlagenheit und Selbstzweifel nach sich ziehen.

Zum Beispiel behauptet ein Vater besserwisserisch: »Mit deinem Chef kommt man nur klar, wenn man ihm täglich eine klare Kante zeigt.« Autsch. Doch warum genau tut das weh? Weil man sich selbst schon tausendmal gefragt hat, ob man ein Weichei ist und selbstbewusster auftreten sollte. Denn wäre man sich innerlich sicher, dass der eigene, diplomatische Weg in Ordnung ist, könnte man die Besserwisserei des Vaters gelassen kontern: »Wenn das so einfach wäre, Papa.«

Den inneren Kritiker besiegen

Das eigentliche Problem liegt also nicht bei den heutigen Eltern, sondern bei den verinnerlichten Eltern im eigenen Herzen. Hier ist auch der Ort, an dem Sie abwertenden Eltern ihre Macht nehmen können. Wenn Sie den inneren Kritiker entmachten wollen, beobachten Sie aufmerksam, wann und wie er sich zu Wort meldet. Wenn Sie mit abwertenden Eltern aufgewachsen sind, werden Sie innere Stimmen wie diese kennen:

- »Du hättest in dieser Woche mehr schaffen müssen.«
- »Wenn du damals nicht ..., dann müsstest du heute nicht ...«
- »Andere sind cleverer als du und hätten diese Reise bestimmt günstiger gebucht.«
- »Andere haben vier Kinder und halten ihr Haus in Ordnung und du hast mit zwei Kindern schon so ein Chaos.«

Nun kommt der schwierige Teil. Dabei setzen Sie der überkritischen Stimme eine wohlwollende Stimme entgegen. Dabei müssen Sie keine rosarote Brille aufsetzen. Es reicht, wenn Sie sich selbst so großzügig und ermutigend sehen, wie Sie zum Beispiel eine Freundin oder einen Freund sehen würden. Das klingt dann ganz anders:

- »Natürlich hätte ich in dieser Woche disziplinierter arbeiten können und dadurch mehr geschafft. Aber ich habe mir stattdessen Spaß, Entspannung und schöne Begegnungen erlaubt. Das war mir wichtig. Das entspricht mir. Das Wichtigste ist außerdem erledigt.«
- »Es ist bei meinem Chef nicht besonders klug, ihm selbstbewusst die Stirn zu bieten. Ein Kollege hat das versucht und ist jetzt beim Chef unten durch. Mein Chef schätzt meine Menschlichkeit und Feinfühligkeit. Manchmal überrumpelt er mich zwar und bringt mich aus dem Gleichgewicht. Dafür hat er in anderen Momenten ein offenes Ohr für meine Anliegen und ist mir schon sehr entgegengekommen. Mein diplomatischer Weg ist bei meinem Chef erfolgreich.«
- »Ja, das war ein schlimmer Fehler. Aber ich bin eben nur ein Mensch. Ich darf Fehler machen und daraus lernen. Jetzt mache ich gut, was gutzumachen ist, und dann verzeihe ich mir selbst.«

Menschen, die sich mit ihrem inneren Kritiker auseinandersetzen, machen viele befreiende Erfahrungen. Sie können plötzlich Lob besser annehmen, weil ihnen der innere Kritiker nicht dazwischenfunkt. Sie können eine wohlwollende Kritik besser annehmen, weil sie sich insgesamt geschätzt fühlen. Sie können sich aber auch von einer unfairen Kritik abgrenzen, die so nicht stimmt. Wer das lernt, wird allmählich gegen die Abwertungen der Eltern immun. Natürlich schmerzen, ärgern und enttäuschen sie noch – aber nur für einen Augenblick. Denn wenn man sich selbst wertschätzen und annehmen kann, beschäftigt einen die Abwertung nicht lange.

Doch auch wenn Kinder mit Abwertungen gelassen umgehen können, wollen sie diese nicht immer so stehen lassen. Sie können eine liebevolle Schlagfertigkeit entwickeln.

Eine liebevolle Schlagfertigkeit entwickeln

Abwertungen verletzen zwischenmenschliche Spielregeln. Hier finden wir einen Hebelpunkt, an dem unsere Reaktion auf eine Abwertung ansetzen kann. Eine erste Anstandsregel lautet, dass wir die Gefühle anderer Menschen nicht unnötig verletzen sollen. Eine zweite sagt, dass sich Menschen als gleichwertig betrachten sollen. Niemand sollte für sich beanspruchen, grundsätzlich klüger, fähiger oder moralisch hochstehender zu sein als andere. Diese Regeln sind tief in unserer Gesellschaft verankert. Deren Einhaltung wird auch überwacht. Zum Beispiel korrigieren Erzieherinnen und Lehrerinnen ein Kind, wenn es sich verletzend oder überheblich verhält. Auch in einer Gruppe dauert es nicht lange, bis jemand einschreitet, wenn sich ein Gruppenmitglied gefühllos oder arrogant verhält. Nur wo ein Machtgefälle herrscht, kann man sich ungestraft über zwischenmenschliche Spielregeln hinwegsetzen. Ein Chef wird das vielleicht tun. Trotzdem ist ihm bewusst, dass er eine Regel verletzt, und zieht deshalb allerlei Entschuldigungen heran, um sein Verhalten vor sich und anderen zu rechtfertigen. Auch abwertende Eltern wissen, dass sie die Gefühle anderer nicht verletzen sollten und dass es ihnen nicht zusteht, sich über andere zu stellen. Das können Sie für eine schlagfertige Antwort nutzen. Dann gehen Sie nicht auf die Frage ein, ob das abwertende Urteil nun berechtigt ist oder nicht. Denn das würde vermutlich in eine Diskussion führen, in deren Verlauf Sie noch weitere Abwertungen hören. Stattdessen konzentrieren Sie sich in Ihrer Antwort auf die Verletzung der zwischenmenschlichen Spielregeln. Das könnte so klingen:

- »Papa, das ist verletzend, wenn du so hart über mich urteilst.«
- »Mama, vermutlich merkst du es gerade nicht, dass du mich hinstellst, als würde ich unklug und unverantwortlich entscheiden. So ein Urteil von der eigenen Mutter zu hören, tut weh.«
- »Susanne ist die Frau, die ich liebe. Es verletzt mich, wenn du so über sie sprichst.«
- »Papa, es beschämt mich, wenn du so auf mein erstes selbst verdientes Geld reagierst. Du gibst mir das Gefühl, es ist zu wenig. Jeder Sohn wünscht sich doch, dass sein Vater sich mitfreut und mit Wertschätzung reagiert.«
- »Papa, es kommt mir gerade so vor, als ob du deine Leistungen für überlegen hältst und als ob andere schlechter wären, wenn sie ein anderes Leben führen als du. Damit stellst du dich doch über andere Menschen. Auch ich komme mir manchmal unterlegen vor, wenn du so redest. Das willst du doch vermutlich nicht.«

Antworten wie diese signalisieren Eltern, dass sie eine zwischenmenschliche Spielregel verletzt haben. Man darf allerdings nicht sofort eine Einsicht erwarten. Denn die Abwertung erfolgt in Momenten, in denen ein Elternteil emotional getriggert ist: »Schon wieder jemand, der dumm, rücksichtslos, moralisch rückständig … ist. Und ich muss darunter leiden.« Abwertende Eltern brauchen oft Zeit, bis sich diese Emotion legt und sie sich wieder an Spielregeln halten können. Daher werden sich abwertende Eltern vielleicht rechtfertigen oder sogar noch eine weitere Abwertung draufsetzen:

»Du bist schon wieder so empfindlich, ich wollte doch nur …« Oder: »Ich werde dir doch wohl mal eine ehrliche Rückmeldung zu Susanne geben dürfen. Du hast ja noch die rosarote Brille auf. Susanne ist eben immer so …« Trotzdem wird es sich weit besser anfühlen, wenn Sie ein Elternteil mit dem verletzenden und überheblichen Verhalten konfrontiert haben. Außerdem können Sie dann einfach weiter auf dem Einhalten der zwischenmenschlichen Spielregeln bestehen, zum Beispiel in einer Entgegnung wie dieser:

- »Nein, ich bin nicht empfindlich. Es ist normal, wenn man auf verletzende Worte verletzt reagiert.«
- »Nein, solange dein Urteil über Susanne nicht wertschätzend klingt, möchte ich es nicht hören. Es gibt andere Menschen, die mir taktvoll die Wahrheit sagen.«

Wer schlagfertig sein will, muss sich allerdings gut vorbereiten. Das klingt paradox. Doch in Augenblicken, in denen wir Schlagfertigkeit wirklich brauchen, sind wir emotional getroffen. Dann fällt uns selten etwas Gutes ein. Die Sätze, die uns dann auf den Lippen liegen, sollten wir lieber nicht aussprechen. Deshalb überlegen wir uns besser in einem ruhigen Moment, was wir sagen möchten. Abwertungen laufen immer nach einem ähnlichen Muster ab. Wenn man sich zwei oder drei Formulierungen zurechtlegt, kann man sie beim nächsten Mal verwenden. Man muss dabei nicht jedes Mal kreativ werden. Der gleiche Satz kann sogar zu einem Ritual werden, der bei Abwertungen in gelassener Routine fällt. Irgendwann wird dann sogar das abwertende Elternteil den Satz vorwegnehmen, der gleich fallen wird: »Ja, ja. Du sagst jetzt bestimmt wieder, ich stelle mich über den anderen ... » Dann zuckt das erwachsene Kind mit den Schultern, lächelt und sagt: »Genau.«

Kleine Schlagfertigkeit mit großer Wirkung

Nicht immer kann man abwertende Eltern damit konfrontieren, dass ihr Verhalten zwischenmenschliche Spielregeln verletzt. Zum Beispiel könnte die Stimmung kippen, wenn man das zu oft tut. Außerdem geschehen manche Abwertungen nebenbei. Sie zeigen sich zum Beispiel in einem verächtlichen Gesichtsausdruck oder in einem Urteil, das durch Andeutungen im Raum steht, aber nicht ausgesprochen wird. Manche Abwertungen sind auch als Scherze getarnt, sodass man sich darüber streiten könnte, ob sie ernst gemeint waren oder nicht. Doch auch angedeutete oder versteckte Abwertungen treffen. Zum Glück gibt es auch indirekte Möglichkeiten, schlagfertig zu reagieren.

Eine erstaunliche Wirkung haben sogenannte 2-Wort-Sätze wie: »Soso« – »O weh!« – »Ach ja?« – »Oooookay«. Sie drücken Überraschung, Ungläubigkeit und Unverständnis aus. Auch so kann man zeigen, dass man mit einer Abwertung nicht einverstanden ist und sich von dieser distanziert. Die emotionale Wirkung von 2-Wort-Sätzen beruht auf der Szene, die dadurch entsteht. Das eigene Gehirn beobachtet die Szene und liest aus ihr ab, dass die Abwertung nicht bedrohlich ist: Sie stand im Raum, woraufhin Sie einen Schritt zurückgetreten sind und die Abwertung beim Abwerter gelassen haben. Ganz anders liest Ihr Gehirn die Situation, wenn Sie betroffen verstummen (»Ich bin hilflos ausgeliefert!«) oder wenn Sie sich wütend wehren (»Ich bin Opfer einer Abwertung geworden!«). Nach einer 2-Wort-Entgegnung wird Sie die Abwertung vielleicht gar nicht mehr beschäftigen. In den Gesprächsfluss kann sie sich zum Beispiel so einfügen:

- Schwiegervater: »So viel Freizeit wie du als Lehrerin möchte ich auch mal haben.«
  Schwiegertochter: »Ach ja?«
  Schwiegervater (schaut kurz irritiert und setzt dann fort): »Na ja: vormittags recht haben und nachmittags im Schwimmbad.«
  Schwiegertochter (wechselt das Thema): »Stresst dich dein Job gerade?«

Die Schwiegertochter hat sich mit der kurzen Bemerkung ausreichend von der Abwertung abgegrenzt. An der Körpersprache ihres Schwiegervaters – dem irritierten Blick – hat sie auch gesehen, dass ihre Reaktion angekommen ist. Zwar setzt der Schwiegervater das Gespräch abwertend fort, aber er klingt schon defensiver. Damit kann sie leben und sucht eine sinnvolle Fortsetzung des Gesprächs. Auch der Themenwechsel vermittelt zwischen den Zeilen eine Botschaft: »So ein Gespräch über Lehrer akzeptiere ich nicht. Dann müssen wir uns eben bei einem anderen Thema treffen.« Das sind kleine Signale, die dem Vater vielleicht gar nicht einmal auffallen. Trotzdem findet die Schwiegertochter eine starke Antwort auf die Abwertung und darf sich souverän fühlen. Soll der Schwiegervater sich eben ab und zu abwertend verhalten. Die Schwiegertochter kann ihm dann ihr Unverständnis zeigen, das Gespräch beenden oder ein unverfängliches Thema suchen, das für den Schwiegervater weniger emotional ist und deshalb weniger Abwertungen hervorbringt.

Man kann eine Abwertung sogar noch sparsamer kontern, nämlich mit der Körpersprache. Ein ruhiges, selbstsicheres Kopfschütteln; ein überraschter, ungläubiger Gesichtsausdruck; eine Bewegung mit der offenen Handfläche, die die Abwertung imaginär zur abwertenden Person zurückschiebt – souverän mit einer Hand oder kraftvoll mit beiden Händen; ein Hin-und-her-Bewegen des Zeigefingers verbunden mit einem tadelnden Blick. Solche Gesten gleichen der Reaktion auf ein falsch zugestelltes Paket: Annahme verweigert. Genauso wird sich dann auch Ihr Inneres fühlen: Die Abwertung ist das Problem des abwertenden Elternteils, nicht Ihres. Nicht zuletzt kann auch eine humorvolle oder groteske Übertreibung den Stachel entschärfen:

»Ja, Roland. Lehrer arbeiten auch nicht, sie repräsentieren. Wenn ich mich im Schwimmbad gebräunt und entspannt zeige, dann wissen die Menschen: Dem Staat geht es gut. Das ist wichtig für die Menschen. Es gibt ihnen Sicherheit.« Die humorvolle Übertreibung nimmt der Abwertung so den Wind aus den Segeln und vermittelt zwischen den Zeilen: »Dir ist hoffentlich selbst klar, dass das Unsinn ist.«

Wer Abwertungen entmachtet, fühlt sich wunderbar frei und souverän. Man spürt richtig, dass man nicht mehr vom Urteil anderer Menschen abhängig ist. Auf dem Weg dahin können abwertende Eltern kostenlose Trainingspartner sein. Dann gibt es beinahe ein Happy End, obwohl die Eltern so sind und oft auch bleiben, wie sie sind.

Es gibt allerdings eine Ausnahme, die kein gutes Ende zulässt: Dann hat sich ein Elternteil so verhärtet, dass es nur eine Reaktion akzeptiert: ein stummes Hinnehmen der Abwertung. Jede schlagfertige Entgegnung dagegen führt zu einer Eskalation. Ein Elternteil reagiert dann mit immer drastischeren und gehässigeren Abwertungen.

Extreme Abwertungen stoppen

Ich hoffe, dass Sie diesen Abschnitt überspringen können. Denn nur selten sind Kinder mit extremen Abwertungen konfrontiert. Dann redet sich ein Elternteil in eine kritische Trance hinein, bei der es jede Selbstbeherrschung verliert und immer beleidigendere Urteile ausspricht. Um diesen Sonderfall zu verstehen, müssen wir uns bewusst machen, dass ein abwertendes Elternteil schon Jahrzehnte mit seinem Stachel lebt. Würde man die Menschen, denen es mit seinem Stachel schon geschadet hat, in eine Reihe stellen, könnte man die Menschen am Ende der Reihe nicht mehr erkennen. Extreme Abwerter müssten eigentlich einer gewaltigen Schuld ins Auge sehen. Sie würden erkennen, wie viel Schönes sie sich dadurch verbaut haben und dass sie gerade die Menschen, die ihnen nahestehen, am meisten verletzt haben. Ihr Abwertungsstachel hat so viel Glück zerstört. Er hat Nähe und Vertrauen erstickt. Mit jedem Jahrzehnt haben sich Schuld und Schaden vergrößert. Deshalb wird es im Lauf des Lebens immer unwahrscheinlicher, dass sich ein Mensch dieser niederschmetternden Wahrheit stellt. Stattdessen verhärten sich extreme abwertende Menschen immer mehr.

Je souveräner Sie nun auf die Abwertung reagieren, desto offensichtlicher wird es, dass sich ein Elternteil mit seiner Abwertung ins Unrecht setzt. Ein Elternteil wird dann möglicherweise alles auffahren, um zu beweisen, dass die Abwertung trotzdem gerechtfertigt ist. Es wird dabei weder die Wahrheit noch die Beziehung verschonen. In solchen Fällen muss man der Abwertung klare Grenzen setzen. Das Prinzip dabei ist: Nähe ist nur möglich, wenn es einigermaßen fair zugeht. Wo jemand sich sehr verletzend oder demütigend verhält, kann man mit ihm eben keinen Umgang haben. Wenn sich erwachsene Kinder für eine Grenze entschieden haben, lohnt es sich, diese Grenze anzukündigen. Denn das gibt abwertenden Eltern eine letzte Chance. Vielleicht korrigieren sie sich ja doch aus Liebe:

- »Papa, dir rutschen in letzter Zeit sehr niederschmetternde Worte heraus. Das darf auch mal sein. Doch wenn ich dich darauf aufmerksam mache, wünsche ich mir, dass du zurückruderst und etwas wertschätzender bist. Vielleicht bestehst du aber auch darauf, mich derart negativ zu sehen. Dann brauche ich mal ein halbes Jahr Kontaktpause. Danach können wir weitersehen.«
- »Mama, nach meinen Maßstäben ist es sehr verletzend, wie du mich manchmal siehst und beurteilst. Ich werde jedes Mal das Thema wechseln und dir damit signalisieren, dass ich mich von dir nicht so bewerten lasse. Vielleicht kannst du das akzeptieren. Vielleicht nicht. Dann werde ich aber unser Telefongespräch oder auch einen Besuch beenden.«

In solchen Extremfällen braucht es einen Sicherheitsabstand, um eine versöhnte Beziehung zu leben. Das ist traurig. Doch der Umgang mit den Eltern darf auch scheitern. Erwachsene Kinder tragen in solchen

Fällen keine Schuld daran. Doch was immer gelingen kann, ist die Versöhnung im eigenen Herzen. Dann denken Kinder trotz allem mit liebevollen Gefühlen an die Eltern. Sie bleiben bereit, den Eltern wieder Herz und Tür zu öffnen, sobald sich etwas ändert. Doch ein versöhnungsbereites Herz muss vor schweren Abwertungen geschützt werden. Dazu müssen sich erwachsene Kinder manchmal in Sicherheit bringen.

Extrem abwertende Eltern haben sich in einem Panzer von Härte und einsamer Überlegenheit eingeschlossen. Kinder können immer mal wieder anklopfen und ein Elternteil in ein schöneres Leben einladen. Doch meist nehmen extrem abwertende Eltern diese Einladung nicht an. Anders ist es, wenn sich abwertende Eltern weniger verhärtet haben. Dann kann sich die Beziehung in überraschender Weise verbessern.

Eltern mit der Unvollkommenheit versöhnen

Dazu müssen wir uns für einen Moment die Brille eines abwertenden Menschen aufsetzen, die ich Ihnen hiermit reiche: Wenn Sie durch diese Brille blicken, sehen Sie Menschen, die über Dinge quatschen, von denen sie nichts verstehen. Sie stehlen anderen die Zeit. Sie sehen Menschen in Firmen, die Zeit und Geld verschwenden. Ihnen fällt auf, dass Ärzte nicht richtig zuhören und deshalb verschreiben, was nicht wirkt. Sie beobachten Finanzberater, die nicht verkaufen, was den Kunden dient, sondern nur an ihre Provision denken. – Ist diese Sicht auf das Leben so falsch? Das alles gibt es wirklich. Ist es nicht so, dass man der Dummheit von Menschen ausgeliefert ist, wenn man nicht ständig kritisch ist? Und sollte man nicht wenigstens versuchen, die unmoralischen und unfähigen zu bessern? Und wenn sie sich nicht bessern wollen, sie es wenigstens spüren lassen?

Wenn Sie nun wieder mit ihren eigenen Augen in die Welt blicken, sehen Sie, was man durch die Brille der Abwertung nicht wahrnehmen kann. Natürlich gibt es auch viele Menschen, auf die man sich verlassen kann. Mit etwas Lebenserfahrung erkennt man die Schwächen von Menschen und kann sich vor ihnen schützen. Wenn man tatsächlich einmal Opfer eines schlechten Produktes oder eines schlechten Rates wird, ist das selten ein Drama. Es gehören eben auch Verluste und unschöne Erfahrungen zum Leben. Trotzdem ist das Leben schön. Firmen und andere Organisationen sind außerdem robust. Trotz vieler Nachlässigkeiten und Fehlentscheidungen bringen sie Gutes hervor.

Wir wissen also: Dummheit und Unvermögen haben sich nicht gegen uns verschworen. Wir können damit leben. Wir sind der Unvollkommenheit der Welt nicht ausgeliefert. Mit diesem Urvertrauen können Sie Ihren Eltern dienen, wenn diese in einen abwertenden Tunnelblick geraten.

Manchmal offenbart schon eine Frage, was gerade an den wunden Punkt eines Elternteils rührt:

- »Papa, warum stört es dich eigentlich, dass Sofia nicht so ordentlich ist wie du?«
  »Es sieht doch furchtbar aus, wenn alles herumliegt, es kann doch nicht so schwer sein ...«
  »Ja, Papa. Das verstehe ich schon. Aber warum beschäftigt es dich so, dass du es ansprichst?«.
  »Jahrelang habe ich mit deiner Mutter um Ordnung gekämpft. Ich bin nach Hause gekommen und gar nicht zur Ruhe gekommen, weil alles so chaotisch war. Ich habe meinen Schlüssel nicht gefunden, weil wieder eine Zeitschrift darüber lag.«

Der Vater hat sich also der Unordnung seiner Frau ausgeliefert gefühlt. Wahrscheinlich hat er schon damals mit Distanz und Kritik reagiert. Doch dann gab es Streit statt liebevolle Kompromisse. Er hat versucht, seine Frau mit Abwertungen zu bessern und hat dadurch gute Lösungen übersehen, zum Beispiel eine eigene Schublade, in der dann Schlüssel und andere wichtige Dinge ihren Platz finden.

Nun kann ein erwachsenes Kind dem Vater helfen, mit der Unvollkommenheit einen Weg zu finden:

- »Papa, da bin ich ganz anders als du. Ich bin sehr glücklich mit Sofia und ich fühle mich zu Hause auch dann wohl, wenn nicht alles aufgeräumt ist. Wirklich. Du brauchst dir da keine Sorgen machen. Und ich finde auch meine Sachen. Falls es dich mal stört, wenn Sofia die Kindersachen in eurem Haus ausbreitet, dann können wir gerne drüber reden und so viel Ordnung schaffen, wie du es brauchst.«

Das Leiden an der Unvollkommenheit erraten

Manchmal lässt sich leicht erraten, warum sich Eltern von den vermeintlichen Schwächen ihrer Kinder bedroht fühlen. Ralfs Mutter zum Beispiel hat es als beschämend erlebt, dass ihre Eltern so wenig Geld hatten. Sie hat davon schon viele Geschichten erzählt. Sie selbst hat mit dem Vater einen Mann geheiratet, dessen Karriere vielversprechend begann. Die Eltern haben den gesellschaftlichen Aufstieg geschafft und sogar etwas übertrieben, wie Ralf findet. Heute muss seine Mutter ertragen, dass Ralf den weiteren gesellschaftlichen Aufstieg verspielt: durch seine Berufswahl, durch die Partnerwahl, das, wofür Ralf und seine Familie Geld ausgeben. Ralf lebt ganz normal, aber gerade das ist für die Mutter das Problem. Gemessen an dem, was die Eltern erreicht haben, steigt er ab. Wofür war Ralf dann so gut in der Schule? Wofür hat die Mutter ihn beim Lernen unterstützt? Warum setzt er seine Ersparnisse und die Geldgeschenke der Eltern nicht für Wohneigentum ein? Denkt er nicht wenigstens an seine Kinder? Ralfs Mutter gibt sich wirklich Mühe. Sie zeigt nicht immer, wie traurig, entsetzt und verärgert sie über Ralfs Entscheidungen ist. Aber manchmal kann sie es doch nicht verbergen. Dann rutscht ihr ein Kommentar heraus, der Ralf als verschwenderisch und unklug dastehen lässt. Auch Ralfs Frau weiß inzwischen, dass die Schwiegermutter sie für eine schlechte Partie hält.

Ralfs Mutter müsste einmal Worte wie diese hören:

- »Mama, es stresst dich, dass mir finanzieller Erfolg nicht so wichtig ist, oder? Aber mach dir keine Sorgen, ich habe doch eine ganz andere Geschichte als du. Ich wurde nie beschämt, weil wir arm waren. Das ist auch euer Verdienst. Ich werde nie in eine solche Situation kommen, wie du sie früher erlebt hast, und unsere Kinder sicher auch nicht. Deshalb sind mir andere Dinge wichtig. Dein Glück hängt daran, was ihr erreicht habt. Das ist auch in Ordnung so. Aber mein Glück hängt an ganz anderen Dingen. Die Welt ist heute anders und ich bin auch anders geprägt als du. Du brauchst wirklich keine Angst haben, dass ich mich mit meinen Entscheidungen unglücklich mache. Ich mache auch etwas aus meinen Fähigkeiten und dem, was ihr mir mit ins Leben gegeben habt, nur halt in anderen Bereichen. Das musst du vielleicht neu entdecken.«

Andere Eltern bräuchten folgende Anstöße, um sich mit der Unvollkommenheit der Welt zu versöhnen:

- »Papa, manchmal habe ich den Eindruck, du hast Angst, dass ich in finanzielle Not komme und du dann einspringen musst. Aber ich glaube, dass du mich dabei unterschätzt. Bisher sind wir gut über die Runden gekommen. Und falls ich doch mal in finanzielle Not kommen sollte, bist du immer noch frei, uns zu helfen oder nicht. Ich kann es genießen, wenn ich mir etwas leisten kann, aber ich hänge nicht am Geld, ich käme zur Not auch zurecht, wenn ich mal einige Jahre sehr sparsam leben müsste.«
- »Mama, lass dich mal nicht von meinen chronischen Schmerzen stressen. Es ist nicht schön, aber ich kann es aushalten und meistens bin ich glücklich. Vielleicht stellst du dir vor, dass du selbst mit solchen Schmerzen nicht leben könntest. Aber ich sage dir: Der Mensch ist stärker, als du denkst. Ich habe auch meinen Weg gefunden, welche Therapien ich nutzen möchte und welche nicht. Ich möchte nicht nach jedem Strohhalm greifen, nur weil jemand behauptet, dass er Schmerzen beseitigen kann. Vielleicht würdest du das anders machen, Mama. Vielleicht kämst du dir selbst dumm vor, wenn du nicht alle Möglichkeiten ausprobieren würdest. Aber das ist nicht mein Weg. Mach dir wirklich keine Sorgen. Ich komme mit meiner Krankheit zurecht.«

Der Vater im Beispiel oben hat recht: Seine Tochter könnte ihre Geldanlage besser aufstellen und es wäre finanziell klüger, wenn sie in jungen Jahren mehr sparen würde. Diese Unvollkommenheit stresst ihn. Und auch die Mutter im zweiten Beispiel hat recht, wenn sie wahrnimmt, dass die Tochter sich nicht immer von den besten Spezialisten behandeln lässt. Für sie ist die Vorstellung unerträglich, dass man Schmerzen hat und nicht jede Möglichkeit nutzt, diese vielleicht loszuwerden. Die erwachsenen Kinder in den Beispielen haben eine Botschaft gefunden, wie sie den Stress ihrer Eltern lindern können. Eine solche Botschaft kann regelmäßig wiederholt werden. Mit der Zeit wird abwertenden Eltern dann deutlich, dass ihr Stress unbegründet ist. Vielleicht verstehen sie irgendwann sogar, dass sie einen Wert absolut setzen: Vielleicht kann man auch gut durchs Leben kommen, wenn man nicht jede

Entscheidung dem Vermögensaufbau unterordnet oder nicht alles für die Gesundheit tut.

Wenn erwachsene Kinder ihren abwertenden Eltern helfen, mit Unvollkommenheit zurechtzukommen, dann verlassen sie ein Kampffeld, auf dem es wenig zu gewinnen gibt. Wer will, kann diese Befriedung auch spirituell begründen.

Eine Spiritualität der Demut

Wenn wir den Umgang mit Abwertungen spirituell betrachten, führt uns das zu der Frage, wie unser Ego aufgestellt ist. Denn Abwertungen treffen unser Ego. Sie lösen den Schmerz aus, den wir fühlen, wenn uns jemand schlechter sieht und behandelt, als wir sind. Oft geht der Ego-Schmerz noch tiefer: wenn uns die Abwertung gewissermaßen ansteckt und wir uns selbst schlecht sehen.

Die christliche Tradition hat ein Mittel gegen den Ego-Schmerz: Demut. Sie kann bescheiden auftreten, weil sie tief von der eigenen Würde, dem eigenen Wert und der eigenen Bedeutung überzeugt ist. Sie braucht darüber hinaus keine Anerkennung und keine Bestätigung. Demut kann eine Abwertung nach einem kurzen Bedauern hinter sich lassen.

Ein Blick in das Leben von Jesus kann uns zu der Art von Demut inspirieren, die im Umgang mit Abwertungen hilfreich ist. Ein Ereignis ist uns im Lukasevangelium überliefert (Lukas 2,41-52): Als Jesus zwölf Jahre alt ist, wandert er mit seinen Eltern nach Jerusalem. Dort finden hohe jüdische Feiertage statt. Auf der Rückreise fehlt Jesus. Die Eltern denken, er habe sich den Verwandten angeschlossen, die auch auf dem Passahfest waren. Als die Eltern ihren Sohn nach einem Tag immer noch nicht in der wandernden Menge finden, kehren sie nach Jerusalem zurück. Dort finden sie Jesus im Tempel. Er hat sich zu den Schülern der Religionslehrer gesetzt. Die Eltern sind entsetzt und fragen Jesus, warum er ihnen eine solche Sorge zugemutet hat. Jesus gibt eine rätselhafte Antwort: »Wusstet ihr nicht, dass ich im Haus meines Vaters sein muss?« Die Eltern verstehen nicht. Jesus schließt sich aber den Eltern an und »war ihnen gehorsam«, wie Lukas noch festhält.

Jesus hatte es hier nicht mit einer Abwertung zu tun. Doch er macht eine Erfahrung, die ihr ähnlich ist. Er wird nicht verstanden. Natürlich können die Eltern ihn nicht verstehen, weil sie noch nicht wissen, wie seine Geschichte weitergeht. Es bleiben noch etwa achtzehn Jahre, bis Jesus öffentlich in Erscheinung tritt (Lukas 3,23). So lange fügt er sich ein und ist den Eltern gehorsam. Er lebt damit, dass niemand sieht, wer er wirklich ist. In seiner tiefsten Identität, in seiner Gottesbeziehung und in den inneren Kämpfen, die er vermutlich schon austrägt, bleibt er unverstanden. Das ist möglich, weil er sich selbst ganz gewiss ist, wie das Ereignis in seinem zwölften Lebensjahr zeigt. Er bezieht seine Identität aus seiner Verbindung mit Gott. Daher muss er nicht um sein Ansehen kämpfen, auch nicht darum, verstanden und angemessen behandelt zu werden.

Als Jesus öffentlich auftritt, wird er allerdings mit vielen Abwertungen konfrontiert: Er wird »Fresser« und »Weinsäufer« genannt (Matthäus 11,19), ihm wird vorgeworfen, religiöse Gesetze zu brechen (Markus 2,24), Sünder nicht zu durchschauen (Lukas 7,39), Gott zu lästern (Markus 2,7) und sogar mit dem Teufel im Bunde zu stehen (Matthäus 12,24). Jesus wehrt sich manchmal, damit das öffentliche Vertrauen in ihn nicht beschädigt wird. Doch die Frage nach seinem Ego legt Jesus immer wieder in Gottes Hand. Nachdem sich viele von ihm abwenden, weil sie seine Lehre zu radikal finden, fragt Jesus seinen engsten Kreis: »Wollt ihr mich auch verlassen?« Jesus muss sich in diesem dunklen Moment nicht verteidigen. Er gibt das Urteil über sich aus der Hand. Jesus widerspricht sogar einer positiven Bewertung: »Warum nennst du mich gut?«, entgegnete Jesus. »Gut ist nur Gott, sonst niemand« (Lukas 18,19). Jesus entzieht sich damit menschlichen Urteilen, sei es schlechten oder guten. Offenbar urteilt er auch nicht über sich selbst, sondern vertraut sich in Ego-Fragen ganz dem Urteil Gottes an.

Wer sich einen spirituellen Umgang mit Ego-Fragen zu eigen macht, gewinnt ein neues Verhältnis zu Abwertungen. Demut ist die Therapie gegen unsere Ego-Verwundbarkeit. Wer einen Draht zu Gott hat, kann sich in seiner Gottesbeziehung verankern, wenn ihn Abwertungen treffen. Eine innere Gewissheit über den eigenen Wert und den eigenen Lebensweg lässt sich nicht durch ein hartes Urteil erschüttern. Demut macht gelassen, wenn man in den Augen anderer einmal als unklug, unfähig oder moralisch zurückgeblieben dasteht. Die Kraft der Demut macht Glaubende nicht gefühllos. Natürlich schmerzt die Abwertung, besonders wenn sie von den eigenen Eltern kommt. Aber sie setzt sich nicht fest. Demütige beschäftigen sich nicht mit der ungerechten Kritik. Mögen die Eltern einen ganz unten auf einer Werteskala einordnen, was stört das, wenn man sich seines Wertes und seines Weges gewiss ist? Dabei muss man sich den eigenen Wert nicht selbst zusprechen. Man muss sich auch die Gewissheit, dass der eigene Lebensweg richtig ist, nicht selbst geben, wie das psychologische Ratgeber manchmal leichtfertig empfehlen. Denn Wert und Gewissheit kann man nur empfangen und sich nicht selbst geben. Glaubende erneuern täglich ihr Vertrauen, dass sie Gott genügen und sie auf ihrem Lebensweg geleitet und begleitet sind, auch wenn sie dabei vielleicht Umwege und Irrwege gehen. Dabei braucht es nicht unbedingt einen besonderen Draht zu Gott. Die christliche Tradition lehrt, dass Gott oft eine bescheidene Glaubenspraxis, alltägliche Umstände und Menschen gebraucht, um seine Leitung, Vergewisserung und Wertschätzung in das Leben von Glaubenden zu bringen.

Wer auf dem Weg des Glaubens zu einer Ego-Befreiung findet, der wendet die Empfehlung dieses Kapitels plötzlich aus anderen Gründen an. Nicht mehr er selbst benötigt den Schutz vor abwertenden Worten. Es sind die Eltern, denen er aus Liebe eine Antwort auf die Abwertung geben möchte. Sie benötigen eine Herausforderung, wenn sie ihre eigenen Maßstäbe absolut setzen. Sie brauchen ein korrigierendes Wort, wenn sie sich auf einen Sockel stellen, von dem aus sie andere beurteilen. Denn die innere Verhärtung schneidet auch vom Glück und von der Liebe ab, die wir in unseren Beziehungen erfahren können. Auch deshalb lohnt es sich, abwertende Eltern zu einem wertschätzenden Miteinander einzuladen. Sie mögen die Einladung nicht immer annehmen, aber eine geduldige Liebe lädt immer wieder zu einer guten, gesunden Beziehung ein.

Eine versöhnte Beziehung leben

Man kann es Eltern zumindest schwerer machen, in der Beziehung eine überlegene, abwertende Position einzunehmen. Es gibt immer eine Antwort, die aus dem Kreislauf von Bewertung und Rechtfertigung aussteigt. Kinder können abwertenden Eltern auch helfen, ihr Misstrauen abzubauen, mit dem sie das Leben ihrer Kinder beäugen. Viele abwertende Eltern lassen sich zu einer liebevolleren, wertschätzenderen Beziehung einladen, die sich mehr auf Augenhöhe abspielt. Das geht leichter, wenn sich Kinder auch mit den verinnerlichten Eltern von früher auseinandersetzen. Denn die machen sich heute als innerer Kritiker bemerkbar und verstärken die Wirkung von Abwertungen. Wer sich seines Wertes und seines eigenen Weges gewiss ist, kann eine Ego-Erschütterung besser verkraften und den Abwertungsstachel der Eltern liebevoll entschärfen. Doch nicht mit allen Eltern ist das möglich. Sie verhärten sich nur umso mehr, wenn sie auf eine liebevolle Schlagfertigkeit ihrer Kinder treffen. Ihr Urteil wird umso hässlicher, beleidigender und roher, je souveräner ihre Kinder reagieren. Dann braucht es einen Sicherheitsabstand, vielleicht sogar Zeiten mit einer Kontaktpause. Kinder, die sich vor allzu bösen Abwertungen in Sicherheit bringen, lassen dabei die Tür zu einer besseren Zukunft offen.

Wenn Eltern blenden

Auch als erwachsene Kinder sehen wir gern zu unseren Eltern auf. Wir freuen uns über das, was sie erreicht haben, und lassen uns davon beschenken. Wir identifizieren uns mit ihren Eigenschaften und ihrem Können – schließlich haben wir auch ein wenig davon abbekommen. Doch manche Eltern zeigen ein Bild von sich, das zu schön ist, um wahr zu sein. Sie halten nicht, was sie versprochen haben. Sie enttäuschen Erwartungen, die sie geweckt haben. Jugendliche erkennen, was sich hinter der beeindruckenden Fassade der Eltern verbirgt. Denn wenn niemand zusieht, sind die Eltern genauso fehlerhaft wie alle anderen Menschen. Doch das geben sie nicht zu. Mit dem Auszug aus dem Elternhaus ist das Thema nicht erledigt. Denn auch erwachsene Kinder schmerzt die Selbstdarstellung. Das zeigt die folgende Checkliste.

Checkliste »Blenden«

- Scheint es im Leben Ihrer Eltern so gut zu laufen, dass Sie sich fast minderwertig vorkommen?
- Ist Ihren Eltern das, was sie vorzeigen können, wichtiger als Ihr Wohlbefinden?
- Schmücken sich Ihre Eltern mit Ihren Leistungen und Erfolgen, zum Beispiel in deren Freundeskreis? Spüren Sie den Wunsch Ihrer Eltern, dass Sie noch mehr erreichen?
- Haben Sie selten das Gefühl, von Ihren Eltern bedingungslos geliebt zu werden?
- Wenn etwas im Leben Ihrer Eltern nicht gut läuft, gleichen Besuche dann einem Versteckspiel, weil ein Misserfolg nicht ans Licht kommen soll?
- Müssen Ihre Eltern bei jeder Begegnung vorführen, wie privilegiert ihr Leben ist und wie toll sie sind?
- Können Ihre Eltern keine Fehler, kein Versagen und keine Misserfolge zugeben?

Wenn Sie einige dieser Fragen mit Ja beantwortet haben, dann haben Sie mit dem Stachel »Blenden« zu tun. In der Checkliste haben sich auch schon einige Auswirkungen gezeigt. Erwachsene Kinder fühlen sich nicht gut genug. Sie spüren einen Druck, mehr vorzuweisen. Das trifft auch Schwiegertöchter und Schwiegersöhne. Oft fühlen sie sich, als wären sie für die Schwiegereltern nicht gut genug. Manchmal fühlen sie sich sogar abgelehnt.

Natürlich führen auch statusbewusste Eltern kein perfektes Leben. Aber das geben sie nicht gerne zu. Sie fühlen sich bedroht, wenn jemand ihre Fehler und Schwächen sieht. Manche Begegnungen gleichen einem Tanz um ein Familiengeheimnis. Das Geheimnis deutet sich in dem an, was nicht gesagt wird. Es verrät sich in Rechtfertigungen oder einem plötzlichen Themenwechsel. Solche Familiengeheimnisse haben dann mit einem Scheitern zu tun: einem beruflichen Rückschlag, dessen Folgen noch heute spürbar sind; einer Schwester oder einem Bruder, die den Kontakt zu den selbstdarstellerischen Eltern abgebrochen hat; einem Eheproblem der Eltern, das nicht zu übersehen ist, aber auch nicht wahr sein darf.

Die Liebe von Kindern möchte jedoch den Eltern glauben. Das führt zu Enttäuschungen, wie die folgenden Beispiele zeigen.

Zu schön, um wahr zu sein

- *Ein erdrückender Status.* Schon das Haus seiner Eltern weckt bei Nils ein Gefühl der Unterlegenheit. Sein Vater hat es in langer, geschickter Eigenarbeit ausgebaut. Die Mutter hat es mit viel Geld und Geschmack eingerichtet. So ein Haus wird Nils nie bewohnen. Auch sonst ist den Eltern nur das Beste gut genug. Sie gehen nicht etwa mit Freunden essen. Sie sind zum Dinner geladen, das Dietmar gibt, der, nebenbei erwähnt, im Vorstand eines Pharma-Unternehmens ist. Nils' Eltern gehen auch nicht einfach zum Arzt. Sie konsultieren einen Spezialisten. Nils' Vater kann für jedes Zipperlein einen nennen. Nils reagiert dann trotzig: »Vielleicht gehe ich einfach zu einem Landarzt, der sieht mich auch als Mensch.«
  »Okay, okay«, sagt Nils' Vater dann und lächelt selbstzufrieden. »Ist ja auch nichts Ernstes.«
  Dass Nils Grundschullehramt studiert, schmerzt seinen Vater wohl. Er hat es nie kommentiert und versucht sich zu interessieren. Doch als Nils sein gutes Abiturzeugnis in Händen hielt, hat

sein Vater gesagt: »Die Welt steht dir jetzt offen.« Und er hat diese Handbewegung gemacht, mit der er sonst ein Buffet eröffnet, wenn Gäste kommen.

Obwohl es die Eltern ihm schön machen, wenn er sie besucht, ist Nils bedrückt, wenn er nach Hause fährt. Er zweifelt an sich, an seiner Studienwahl, an seinem Leben. Ist es Trotz, dass er sich gerade mit Maren anfreundet, einer Studentin, der jeder Ehrgeiz fehlt und die sich in alternative Leinenstoffe kleidet. Mit ihr lacht Lars viel und kann wunderbar entspannen.

»Wie kannst du uns das antun?«, wird der Blick seiner Eltern sagen, wenn er Maren zu Hause vorstellen wird. Doch seine Mutter wird sich nach dem ersten Schreck nichts anmerken lassen und sich wohl denken: »Kann ja noch werden. Hübsch ist sie ja.«

Nils fragt sich, ob das Leben seiner Eltern wirklich so perfekt ist. Er weiß nicht einmal, ob sie wirklich glücklich sind. Beide reagieren gereizt, wenn etwas nicht nach Plan läuft. Ob die beiden einander noch lieben? Oder können sie nicht voneinander lassen, weil sie zusammen so erfolgreich sind? Nils hat seinen Vater einmal gefragt, ob er glücklich ist. Nach einer Schrecksekunde hat der Vater gelächelt und wieder diese präsentierende Handbewegung gemacht, diesmal am teuren Rotwein vorbei auf den gepflegten Garten weisend. Dann hat er zufrieden zu Nils' Mutter geblickt, die gerade Nüsse in eine Designerschale gefüllt hat, und gesagt: »Wir haben doch alles.«

»Das meine ich nicht«, wollte Nils sagen, aber er sah ein, dass das keinen Sinn hatte. Zu Maren sagte er später: »Dass die so perfekt sind, würde mich gar nicht stören. Ich profitiere ja auch davon und sie geben sich echt Mühe mit mir. Aber alles, was mich wirklich ausmacht und worauf ich stolz bin, hat da keinen Platz.«

- *Eine unaussprechliche Wahrheit.* »Toll, deine Eltern«, sagt Christian nach dem ersten Besuch bei Noras Eltern. »Sie waren so aufmerksam, wirklich interessiert an uns. So viele Menschen, um die sie sich kümmern. Das hat mich beeindruckt. Und keine Spur von Bitterkeit, dass sie sich immer noch um deinen Bruder kümmern müssen.«

  In Noras Stolz auf ihre Eltern mischt sich ein Zorn: »Ja, die Tollen!«

»Was?«, fragt Christian irritiert.
»Ja, die sind heilig, seit ich denken kann«, entfährt es Nora. »Ich bin nie auf die Idee gekommen, sie mal infrage zu stellen.«
Christian wechselt auf die rechte Spur, weil er sich nicht mehr gut konzentrieren kann. Er blickt zu Nora, die in Gedanken versunken ist.
»Kannst du dir vorstellen, dass mir Georg zwischen die Beine gefasst hat und sich in meinem Beisein befriedigt hat?«
»Das ist ja furchtbar«, sagt Christan erschrocken. »Er ist behindert«, fügt er nach einer Weile nachdenklich hinzu.
»Ja«, sagt Nora bitter. »Das entschuldigt alles.«
»Haben dich deine Eltern nicht geschützt?«, fragt Christian nach einem Schweigen.
»Ich habe es für mich behalten.«
»Warum denn das?«
»Ich dachte, es ist nicht so schlimm. Er kann ja nichts dafür. Er versteht nicht, was er tut. Und meine Eltern opfern sich sowieso schon für uns auf.«
»Und später? Wissen deine Eltern bis heute nichts davon?«
»Ich will ihr Leben nicht kaputt machen. Oder vielleicht auch nicht mein gutes Bild von ihnen. Ach, ich weiß selber nicht.«
Christian denkt über das Gespräch nach. Am Abend greift er das Thema noch mal auf: »Sag mal, Nora. Da ist doch was schiefgelaufen. Wenn sich eine Tochter mit so was den Eltern nicht anvertraut, dann können deine Eltern doch nicht so perfekt sein, oder? Da muss doch noch irgendwas hinter ihrer schönen, sozialen Fassade sein.«
»Was soll da schon sein?«, fragt Nora und merkt, dass sie schon wieder gereizt klingt.
»Das solltest du vielleicht selbst rausfinden«, gibt Christian zurück.

- *Sauberfrauen und Saubermänner.* Wiebke hat bei der goldenen Hochzeit ihrer Eltern erst mal geschluckt: Ihre beiden Geschwister saßen an der langen Familientafel. Wiebke dagegen saß abseits bei ihrer Patentante. Die liebt sie zwar heiß und innig. Sie hatte auch einen schönen Tag. Aber als Zurücksetzung hat sie die Entscheidung der Eltern trotzdem empfunden.
  Ein kurzes »Tut mir leid – kann ich verstehen« hätte Wiebke aus-

gereicht, als sie später mit ihrer Mutter über ihre Gefühle gesprochen hat. Aber Wiebkes Mutter hat versucht, die Zurücksetzung als Wohltat zu verkaufen. Mehrfach hat die Mutter betont, wie wohl sich gestern alle gefühlt haben, und an Wiebke gewandt: »Du doch auch, mein Schatz.«

»Klar«, hat Wiebke resigniert geantwortet. Sie hat wieder mal den Versuch aufgegeben, sich verständlich zu machen. Ihr kleiner Bruder hat längst dichtgemacht. Er kommt aus Höflichkeit, macht ein paar Witze und verschwindet wieder, sobald es möglich ist. Wiebkes große Schwester dagegen himmelt ihre Mutter an. Sie ist ihr auch am ähnlichsten.

Wiebke hätte gerne mit ihrer Mutter über manches geredet, was in der Familie nicht so gut gelaufen ist. Aber auf ihre weiße Weste lässt die Mutter nicht den kleinsten Fleck kommen: »Du machst dir zu viele Gedanken, meine Liebe. Jetzt wollen wir aber den Abend genießen.« Etwas in dieser Art antwortet Wiebkes Mutter, wenn sie ansprechen will, was sie stört oder nachdenklich macht. Wiebke spürt, wie der Graben immer größer wird, der sich zwischen ihr und ihrer Mutter auftut. Das tut einfach weh.

- *Ein unglaubliches Versagen.* »Mein Vater ist immer wieder arbeitslos, schon seit Jahren!«

  »Nein!« Julians bester Freund blickt ihn erstaunt an. »Ich habe mich so gut mit ihm unterhalten. Er hat zu allem etwas Interessantes zu sagen. Er tritt so souverän auf.«

  »Tja«, beginnt Julian. Es bereitet ihm eine bittere Freude, den Vater zu entzaubern.

  »Das iPhone, seine Uhr, die geschmackvolle Kleidung. Das alles ist doch nicht gerade billig«, überlegt Julians Freund weiter.

  »Meine Mutter arbeitet ja«, erklärt Julian.

  »Was ist da los?«

  »Zu viel Alkohol«, enthüllt Julian. »Aber das ist nicht der eigentliche Punkt. Selbstüberschätzung würde ich sagen.«

  Julians Freund zieht die Stirn kraus.

  »Na ja, mein Vater tritt so auf, dass ihm jede Position zugetraut wird. Aber so toll ist er eben nicht. Und dann fliegt er in der Probezeit. Oder sie mobben ihn raus, wenn er einmal eine Probezeit übersteht.«

»Das tut mir leid für ihn«, sagt Julians Freund.
»Mir nicht mehr. Ich ertrage das ja schon ein Leben lang. Es zwingt ihn ja keiner zu seiner Großspurigkeit. Man kann auch einfach nur das versprechen, was man halten kann. Dann kommt man auch mit anderen klar.«
Julians Freund erschrickt: »Das klingt so hart. Er ist doch dein Vater.«
Julian schweigt.
»Und wie ist es heute für dich, wenn du ihn siehst?«
»Ich bin einfach nur wütend«, gesteht Julian. »Ich ertrage das Getue nicht mehr. Aber ich weiß natürlich, dass das keine Lösung ist.«

Leiden am schönen Schein

Eltern, die sich mit dem Stachel »Blenden« schützen, sind sicher nicht die schlechtesten Eltern. Oft ergattern sie die Sahnestücke des Lebens und teilen sie mit ihrer Familie. Sie können das Leben genießen. In ihrer Selbsttäuschung liegt auch eine Lebenskunst. So machen sie aus allem das Beste. Kleine Kinder glauben außerdem dem schönen Schein. Manchmal erleben sie sogar eine Bilderbuchkindheit. Andererseits fühlen sich Kinder von Blender-Eltern oft schon früh unzureichend oder sogar minderwertig. Dann nämlich, wenn ihre emotionalen Bedürfnisse trotz des schönen Scheins nicht befriedigt werden. Sie fühlen sich dann fremd und falsch. Denn an den tollen Eltern kann der Mangel ja nicht liegen. Trotzdem fühlen sie sich ungeliebt. Am verstörendsten ist aber die Frage, warum man als Kind immer wieder traurig, unzufrieden, verletzt oder wütend war, obwohl die Eltern so toll sind. Die eigenen Gefühle und das Bild, das ein Kind von seiner Familie aufgebaut hat, passen einfach nicht zusammen.

Doch was bringt Eltern dazu, ein geschöntes Bild von sich zu zeigen – nicht nur um gegenüber »den Leuten« gut dazustehen, sondern auch vor den eigenen Kindern? Wer sich mit dem Stachel »Blenden« schützt, hat eine Liebe erfahren, die an Bedingungen geknüpft war. Oft zieht sich diese Erfahrung durch ganze Generationen in der Familiengeschichte.

Ein Familienerbe unsicherer Liebe

Häufig begleite ich erwachsene Kinder, die es mit ihren Eltern schwer haben. Doch gelegentlich kommen auch schwierige Eltern zu mir. Menschen, die ein tolles Bild von sich zeigen, waren als Kind oft ein Liebling ihrer Eltern. Sie konnten mit einer Eigenschaft glänzen, die die Eltern interessiert und begeistert hat. Sie waren besonders intelligent, besonders verantwortungsvoll, künstlerisch, sportlich oder musikalisch begabt. Kindern gefällt es natürlich, wenn sich Eltern über etwas begeistern, was sie können. Doch wenn es dabei bleibt, fühlt sich das nicht gut an. Denn Kinder spüren, dass die Begeisterung nicht ihnen selbst gilt, sondern dem, was sie leisten oder darstellen. Sie merken, wie die Eltern unwillig werden, wenn sie einmal hinter den Erwartungen zurückbleiben. Die Eltern wenden ihre Aufmerksamkeit ab oder drücken Enttäuschung aus. Kinder strengen sich dann an, um wieder mit den gewünschten Eigenschaften oder Fähigkeiten zu glänzen. Sie verstecken, was nicht gewünscht ist, sie betonen, was die Erwartungen erfüllt, und manchmal schummeln sie dabei ein wenig. So bildet sich der Stachel »Blenden« aus.

Andere Kinder leben sogar am Abgrund des Versagens. Ihnen fehlt die besondere Begabung. Genauer gesagt: Ihnen fehlen Liebe, Aufmerksamkeit und Unterstützung, die sie bräuchten, um die Gaben zu entfalten, die sie tatsächlich haben. Stattdessen stehen die Erwartungen der Eltern im Vordergrund. Kinder erfüllen diese dann selten. Sie spüren, wie enttäuscht die Eltern von ihnen sind. Manche Kinder resignieren dann. Sie versuchen ganz normal zu sein und wenigstens ihre Fehler und Misserfolge zu verstecken. Andere täuschen Erfolge und Fähigkeiten vor und erhalten dafür die Liebe ihrer Eltern. Doch gleichzeitig müssen sie immer eine Entlarvung fürchten.

Eltern, die als Kind solche Erfahrungen gemacht haben, geht es in Fleisch und Blut über: »Nur wenn ich ein tolles Bild von mir zeige, werde ich geliebt und anerkannt. Alles andere sollte ich lieber verstecken.« Wenn sie später selbst Eltern werden, präsentieren sie sogar ihren eigenen Kindern ein Bild, das zu gut ist, um wahr zu sein. Sie wecken unrealistische Erwartungen. Sie überspielen Fehler und Mängel. An solchen Familiengeschichten sehen wir: Auch das Blenden ist ein Schutzmechanismus und nicht böse gemeint. Trotzdem taucht er Kinder in Wechselbäder von Hoffnung und Enttäuschung.

Die Empfehlungen dieses Kapitels helfen, die Familientradition unsicherer Liebe zu brechen. Das befähigt erwachsene Kinder, ihre enttäuschenden Eltern so anzunehmen und zu lieben, wie sie wirklich sind.

In die Enttäuschung einwilligen

Zu einer Täuschung gehören immer zwei: einer der täuscht, und ein anderer, der sich täuschen lässt. Es ist einfach verführerisch, einer geschönten Wirklichkeit zu glauben. Außerdem ist es nicht angenehm, eine Beziehung zu leben, in der man häufig denkt: »Das nehme ich dir nicht ab.« Wir wollen dem anderen lieber glauben. Darin mag eine schmerzliche Wahrheit liegen. Doch sie befreit auch: Keiner muss glauben, was nicht stimmt. Erwachsene Kinder beginnen, ihrem Gespür für die Wahrheit zu vertrauen. Sie willigen in (Ent-)Täuschungen ein. Die schmerzen, sie stellen die Beziehung aber auf einen tragfähigen Boden.

Erwachsene Kinder selbstdarstellerischer Eltern müssen häufig eine der folgenden (Ent-)Täuschungen verschmerzen:

- Möglicherweise haben Ihre Eltern zu viel Angst vor einer ehrlichen Beziehung. Sie wollen nicht zeigen, was sie wirklich fühlen und wie ihr Leben wirklich ist. Deshalb fühlt sich die Beziehung so fassadenhaft und unecht an.
- Möglicherweise werden Ihre Eltern nie zugeben, was sie versäumt oder falsch gemacht haben.
- Vielleicht sind Ihre Eltern so mit Äußerlichkeiten beschäftigt, dass sie nie Aufmerksamkeit dafür finden, wie es Ihnen wirklich geht.
- Möglicherweise werden Ihre Eltern Sie nie anerkennen. Denn das, was Sie ausmacht und was Sie erreicht haben, liegt auf einer Wellenlänge, für die Ihre Eltern keine Antenne haben.
- Möglicherweise werden Ihnen Ihre Eltern nie mehr bieten als Wechselbäder aus Momenten von echter Liebe und anderen Momenten, in denen Sie ignoriert oder im Stich gelassen werden.

Wenn Sie eine dieser Enttäuschungen verkraften müssen, sind Sie nicht allein. Viele erwachsene Kinder haben Eltern, die solche Defizite in ihrer Beziehungsfähigkeit haben. Doch bei blendenden Eltern bleibt die Enttäuschung, solange die Hoffnung nicht gestorben ist. Doch die wecken selbstdarstellende Eltern immer neu. Sie beteuern, wie gut ihre Beziehung zu den Kindern sei. Manchmal schaffen sie tatsächlich Momente, die sich wie echte Liebe und echtes Interesse anfühlen. Doch wenn erwachsene Kinder genau hinsehen, entdecken sie: Sie erleben vor allem eine Inszenierung toller Elternschaft. Das blendende Elternteil ist einfach zu sehr mit sich und seiner Wirkung nach außen beschäftigt, als dass es so lieben könnte, wie ein Kind es braucht.

Erwachsene Kinder schützen sich, indem sie in die Enttäuschung einwilligen: »Ja, ich habe mich in meinen Eltern getäuscht. Ich habe ihrer Selbstdarstellung geglaubt. Zwar habe ich sie durchschaut, aber ein Teil in mir wollte es nicht wahrhaben. Dieser emotionale, kindliche Teil in mir hält an dem positiven Bild fest. Doch damit ist es jetzt vorbei. Ich kann es verkraften, dass meine Mutter/mein Vater mich in manchen Punkten nicht so lieben kann, wie ich es brauche. Ich weiß, dass meine Mutter/mein Vater immer wieder etwas verspricht, das sie/er nicht halten kann. Ich sehe von heute an meine Eltern so, wie sie sind, und nicht so, wie sie gerne wären oder wie ich sie gerne hätte. Ich fühle mich außerdem nicht für die Enttäuschungen verantwortlich, so als könnte ich sie verhindern, wenn ich mich nur richtig verhalte. Ich strampele mich nicht mehr ab, um bei meinen Eltern mehr Liebe, Aufmerksamkeit und Unterstützung zu finden. Das, was sie geben können, nehme ich gerne an. Mit dem, was mir fehlt, lerne ich zu leben.« So oder ähnlich klingt es, wenn sich Kinder blendender Eltern der Wahrheit ihrer Elternbeziehung stellen. Diese (Ent-)Täuschung macht von einer Illusion frei und sie führt in die Ablösung von den Eltern.

Wie die innere Ablösung gelingt

Wünsche, die Sie noch heute an die Eltern richten, entspringen aus dem tiefsten Inneren. Dort muss sich auch das Loslassen vollziehen. Sonst funktioniert es nicht. Viele Kinder blendender Eltern haben sich schon vorgenommen, nicht mehr viel von ihnen zu erwarten. Doch schon in der nächsten Begegnung kann die Enttäuschung überwältigend werden. Die Psychotherapie hat Zugänge gefunden, die auch auf das tiefste Innere wirken. Manche ihrer Methoden sind so einfach, dass man sie auch selbst anwenden kann.

Steffen zum Beispiel ist mit einer sogenannten »Stühlearbeit« weitergekommen. Sein Vater hat die Familie verlassen, als er sechs Jahre alt war. Steffen kann sich an tolle Ausflüge mit ihm erinnern und auch an besondere Geschenke. Doch das war die Ausnahme. Manchmal vergingen Jahre, bis der Vater ein Versprechen einlöste, zum Beispiel der ersehnte Besuch in einem Freizeitpark.

»Melde dich jederzeit, wenn du etwas brauchst«, hat der Vater gesagt, als Steffen mit dem Studium begonnen hat. Doch als es ihm im ersten Semester so schlecht ging, hat sein Vater nur ein paar aufbauende Worte per Whatsapp geschickt. Am Ende der Nachricht hat der Vater erklärt, wie viel beruflichen Stress er gerade hat. Trotzdem lebt in Steffen noch immer die Sehnsucht nach schönen Erlebnissen mit seinem Vater, nach Verständnis und Unterstützung. Doch Steffen hat verstanden, dass er das alles besser nicht mehr erwartet.

In einer Therapiestunde gehen wir das Thema an. Ich stelle Steffen einen leeren Stuhl gegenüber. Auf diesem stellen wir uns den Vater vor. Steffen spricht den imaginären Vater an und drückt seine Sehnsucht aus, alles, was er sich von ihm gewünscht hätte und auch heute noch wünscht. Das ist sehr emotional und bald schon fließen Tränen. Nach einer Weile helfe ich Steffen auch, die Realität auszusprechen: Der Vater kann Steffen nicht geben, was er sich wünscht und was er bräuchte. Dafür findet Steffen viele Beispiele, die er dem imaginären Vater aufzählt. Auch das ist sehr emotional. Schließlich spricht Steffen auch das Loslassen aus. Er sagt dem Vater, dass er heute ohne seine Unterstützung und ohne die schönen Erlebnisse auskommen kann. Der Vater brauche sie nicht mehr zu geben, das sei traurig, aber in Ordnung so. Diese Sitzung bringt viel in Gang. Steffen erinnert sich selbst immer mal wieder an das Loslassen, wenn sich eine Sehnsucht meldet. Der Vater wird ihm allmählich auf gute Weise gleichgültig. Steffen telefoniert ab und zu mit ihm und gelegentlich kommt es zu einem Besuch. Das ist gut und wichtig, schließlich ist es sein Vater. Steffen spürt aber auch, dass sie sich fremd sind. Das hat die Sehnsucht bislang verdeckt. Wenn der Vater etwas Unrealistisches verspricht, spürt Steffen kurz eine Bitterkeit. Aber er kann sie wieder loslassen.

Soll sich doch der Vater etwas vormachen. Steffen hat jetzt ein realistisches Bild und kann damit leben. Steffen spürt immer stärker, wie gut es auch ohne seinen Vater geht. Er hat zum Beispiel viel investiert, um gute Freundschaften aufzubauen. Dort findet er immer ein offenes Ohr und schöne Erlebnisse. Natürlich wäre es schön, das auch beim Vater zu finden, aber Steffen hat immer weniger das Gefühl, dass ihm etwas fehlt.

An Steffens Weg können wir einiges über die innere Ablösung von Eltern lernen. Sie ist ein Prozess, der sich in der Gefühlswelt von Steffen ereignet, nicht in der Beziehung zum Vater. Mit dem Vater über die Enttäuschung zu sprechen, hätte schlechte Chancen. Der Vater kann es einfach nicht besser. Es hilft nur das Loslassen. Erwachsene Kinder blendender Eltern können eine solche »Stühlearbeit« auch allein machen, wenn sie sich emotional stabil genug dafür fühlen. Eine gute Alternative ist auch ein Brief an das blendende Elternteil, den man nie abschickt. Auch in einem Brief kann man die Sehnsucht ausdrücken, die Enttäuschungen nennen und schließlich entschlossen ausdrücken, dass man loslässt, was ein Elternteil zwar immer wieder verspricht, aber nicht einlöst. Mit der Zeit folgen die Gefühle diesem Entschluss. Wenn die Sehnsucht sich doch einmal meldet, kann man sich an den Entschluss zum Loslassen erinnern.

Wer von unrealistischen Erwartungen frei geworden ist, kann die selbstdarstellerische Schwäche der Eltern annehmen und ausgleichen.

Eltern liebevoll durchschauen

Blendende Eltern mögen selbstbezogen sein, trotzdem meinen sie es gut. Sie wollen einfach tolle Eltern sein. Sie wollen Liebe geben und ein tolles Leben führen, das auch ihre Kinder genießen. Selbst wenn Eltern dabei dramatisch scheitern, ist ihre gute Absicht echt. Das motiviert erwachsene Kinder, ihre Eltern liebevoll zu durchschauen. Dann streichen sie weg, was übertrieben ist, und nehmen an, was übrig bleibt. Wie ein liebevolles Durchschauen gelingt, zeigen folgende Beispiele.

- *Dann eben nur praktisch.* Wenn Lenas Vater sagt: »Wir lieben dich«, ärgert sie sich. Denn dann würde er ihre Erfolge sehen und sich an ihnen freuen. Er würde nachfragen, wenn es ihr offensichtlich nicht gut geht. Doch Lenas Vater ist einfach furchtbar selbstbezogen. Er sieht nur sich. Allerdings ist er praktisch begabt. Lena kann sich auf ihn verlassen, wenn sie umzieht oder wenn etwas mit ihrem Auto ist. Auch mit Geschenken ist ihr Vater großzügig. Vor Jahren hat Lena ein Geschenk sogar wütend abgelehnt, weil sie so enttäuscht war. Lena hat inzwischen gelernt, sein »Wir lieben dich« mit anderen Ohren zu hören. Sie übersetzt es für sich: »Ich würde dich wirklich gerne lieben, aber ich bin so selbstbezogen und ungeschickt, dass ich dich leider immer wieder enttäusche. Aber ich würde so gerne ein guter Vater sein. Deshalb helfe ich dir und schenke dir etwas.« Neuerdings tut Lena ihr Vater eher leid. Er ist eben unbeholfen und egoistisch, das hat er sich ja auch nicht ausgesucht. Noch traut sie sich nicht richtig, ihn wieder lieb zu haben. Denn sie befürchtet, dass sie sich dann zu sehr öffnet und wieder enttäuscht wird. Aber sie kann die Defizite ihres Vaters besser annehmen, die einfach da sind, obwohl der Vater sie nicht zugibt.

- *Es ist nur eine Floskel.* Fast ein Jahr hat es gedauert, bis Moritz seinen Vater wiedergesehen hat. Immer kam ihm etwas dazwischen. Der Nachmittag mit ihm war echt schön. Sein Vater hat ausgemalt, was sie im Sommer alles zusammen machen. Noch vor Kurzem hätte Moritz wütend reagiert. Denn seit Moritz denken kann, lebt der Vater für seine Firma. Er hat nur die wenigsten seiner Versprechen gehalten. Doch auch Moritz hört die Versprechen seines Vaters heute mit einem anderen Ohr: »Moritz, wenn wir hier so schön zusammensitzen, kommen mir tausend Ideen und ich habe Spaß, mir das alles auszumalen. Aber du kennst mich ja. Auch deiner Mutter verspreche ich mehr, als ich halten kann, und meinen Kunden auch. Deshalb nimm meine Versprechen nicht so ernst.« Moritz erwartet nur noch das, was auch eintritt: eine schöne Begegnung ein- oder zweimal im Jahr.

Erwachsene Kinder können unrealistische Selbstinszenierungen wie eine Höflichkeitsfloskel sehen. Sie drücken positive Gefühle und gute Absichten aus, so wie man in den USA zu Fremden sagt: »Komm jederzeit bei uns vorbei« oder: »Wir treffen uns zum Grillen«. Wer dann tatsächlich vorbeikommt oder zum Kalender greift, um einen Termin auszumachen, der löst ein Entsetzen aus: »So war das nicht gemeint. Das war doch nur höflich.« Es ging lediglich um das gute Gefühl, einander wie Freunde zu behandeln. Wer den kulturellen Code richtig entschlüsselt, erspart sich eine Enttäuschung. So kann man auch den emotionalen Code selbstdarstellender Eltern lesen.

Doch auch wenn Kinder ihre Eltern liebevoll durchschauen, haben sie manchmal ein Bedürfnis nach Wahrheit. Ein Minimum an Aufrichtigkeit braucht jeder in seinen Beziehungen. Manchmal spüren Kinder auch eine Verantwortung: »Wer, wenn nicht ich, sollte meine Eltern auf das falsche Bild aufmerksam machen, das sie von sich haben, und auf die Erwartungen, die sie zwar wecken, aber enttäuschen?«

Zu Bescheidenheit einladen

Erwachsene Kinder können Eltern zu Bescheidenheit einladen. Sie unterstellen ihren Eltern dabei gute Absichten und sprechen die Wahrheit taktvoll aus. In typischen Situationen mit blendenden Eltern kann sich das so anhören:

- »Mit eurem Sterne-Koch-Menü habt ihr uns einen unvergesslichen Abend geschenkt. Das ist wirklich lieb von euch. Wenn ich wählen darf, würde ich mir beim nächsten Mal aber trotzdem ein ganz einfaches Essen wünschen. Denn du hast so gestresst gewirkt und warst so sehr mit dem Essen beschäftigt. In manchen Momenten hatte ich sogar den Eindruck, es ging mehr um euer beeindruckendes Menü als um uns, auch wenn du das bestimmt nicht so gemeint hast. Ich komme auf den Gedanken, weil du viel über das Essen gesprochen und uns wenig gefragt hast. Vielleicht ist es komisch für dich, aber mir sind bei unseren Besuchen ganz einfache Dinge wichtig: entspannte Zeit miteinander verbringen, an eurem Leben Anteil nehmen und auch euer Interesse spüren, wie es uns gerade geht.«
- »Ich glaube, du erwartest viel zu viel von dir, Papa. Du bist auch ein toller Opa, wenn du weniger machst. Ich glaube, du setzt dich unter Druck, wenn du wie heute so viel versprichst: in eurem Garten zelten oder in den Freizeitpark gehen. Du ahnst vielleicht gar nicht, dass sich Tobi und Lena das merken. Sie fragen zu Hause immer

wieder nach und irgendwann werden sie enttäuscht sein, wenn die besondere Aktion nicht kommt. Im letzten Sommer haben die beiden mich so oft gefragt, wann du das Floß mit ihnen baust. Die beiden sind auch happy, wenn du einfach nur mit ihnen auf den Spielplatz gehst.«
- »Mama, ich bin manchmal verwirrt, wenn ich ein Wochenende bei euch war. Ich kann es ja sehen, dass ihr beide es gerade nicht leicht miteinander habt. Gleichzeitig betonst du, wie gut eure Ehe ist. Für mich musst du das nicht tun. Im Gegenteil, es würde mir guttun, wenn du da ein wenig offener bist. Dann kann ich nämlich auch offener sein. Manchmal gebe ich dir gegenüber gar nicht zu, wenn ich mit Hanno gestritten habe und danach nicht so gut drauf bin. Ich hätte das Gefühl, du denkst: ›In unserer Ehe kommt so was nicht vor.‹ Ich fühle mich dann unterlegen.«

Oft kommt eine solche Botschaft bei selbstdarstellenden Eltern an. Sie werden dann tatsächlich ein wenig bescheidener und offener. Die Beziehung zu ihnen fühlt sich ehrlicher an und es zieht eine gegenseitige Wertschätzung ein, die nicht daran hängt, ob jemand gerade toll ist oder nicht. Erwachsene Kinder können dann immer mal wieder zu Bescheidenheit einladen. Denn die Selbstdarstellung kehrt als eingeschliffenes Muster früher oder später zurück. Selbst wenn Eltern eine Einladung zur Bescheidenheit ausschlagen, tut es gut, die Wahrheit einmal taktvoll auszusprechen. Erwachsene Kinder haben dann weniger das Gefühl, dass sie gute Miene zu der Selbstdarstellung machen. Das stärkt die Selbstachtung. Außerdem hilft es dabei, dem geschönten Bild nicht doch irgendwann wieder zu glauben.

Je mehr Wahrheit in die Beziehung einzieht, desto deutlicher wird auch, was mit den Eltern nicht gelingt – und vielleicht nie gelingen wird.

Ein entspanntes Verhältnis zum Scheitern

Interessanterweise können wir mit den Schwächen bescheidener Menschen gut leben. Manche Eltern erkennen, was sie ihren Kindern nicht geben können, und äußern ein Bedauern: »Uns fällt es so schwer, über Gefühle zu reden. Wir können verstehen, dass dir in unserer Familie etwas fehlt.« Eltern, die so zu ihren Schwächen stehen, verzeihen wir fast alles. Auch in der Beziehung zu ihnen mag etwas gescheitert sein. Doch Ehrlichkeit hilft Kindern über Dinge hinweg, die gefehlt haben oder nicht möglich waren. Denn Ehrlichkeit weckt keine falschen Hoffnungen. Vor allem aber nehmen ehrliche Eltern die Verantwortung von ihren Kindern: »Wir Eltern haben hier versagt, nicht du. Wir konnten es nicht besser.«

Für die Eltern-Kind-Beziehung tragen immer die Eltern die Verantwortung. Als sie die Weichen für die Beziehung gestellt haben, war ihr Kind noch klein. Wenn man überhaupt einen Schuldigen sucht, dann findet er sich bei den Eltern. Es gibt allerdings eine tragische Schuld, sozusagen eine Schuld der Unschuldigen. Oft haben Eltern von ihren Eltern Schlimmeres erlebt als das, was sie den eigenen Kindern weitergegeben haben. Sie haben ihre Kinder geliebt und das Beste gegeben, auch wenn vieles nicht gut gelaufen ist. Deshalb dürfen sich Eltern verzeihen. Aber das ist etwas anderes, als sich selbst von Schuld reinzuwaschen und sie damit den Kindern zuzuschieben. Je großartiger und unschuldiger sich Eltern geben, desto schwerer fällt es Kindern, die Verantwortung dort zu sehen, wo sie hingehört, nämlich bei den Eltern. Natürlich haben auch die Kinder Schwächen. Natürlich haben auch sie im Umgang mit den Eltern nicht alles richtig gemacht. Trotzdem gilt: Was in der Beziehung zu den Eltern scheitert, haben die Eltern zu verantworten. Denn sie haben sehr lange mehr Einfluss gehabt. Sie haben die Grundlage der Beziehung gelegt. Ein entspanntes Verhältnis zum Scheitern beginnt mit einer inneren Sicherheit: »Es liegt nicht an mir.«

Trotzdem belastet ein Scheitern das Selbstwertgefühl, ganz gleich, wer es verursacht hat. Es ist einfach peinlich, wenn wir eingestehen müssen: »Meine Eltern sind keine große Hilfe« oder: »Meine Eltern haben keine Vorstellung, wer ich wirklich bin, und sie werden mir immer fremder«. Doch auch das Scheitern lässt sich üben. Dabei versucht man, seinen Selbstwert nicht an dem festzumachen, was einem gelingt. Man baut ein Selbstwertgefühl auf, das nicht an Bedingungen geknüpft ist: »Meine kleine Fähigkeit zu lieben, meine guten Absichten, mein bescheidener Einsatz und mein Mut, auch dann weiterzumachen, wenn einmal etwas nicht klappt, das macht meinen Wert aus. Die Menschen, die mir nahestehen, lieben und schätzen mich, egal, ob mir die

Dinge gerade gut oder weniger gut gelingen.« Es kann geradezu eine therapeutische Übung sein, jemandem zu offenbaren: »Das geht mit meinen Eltern leider nicht.« Die Intensität dieser Übung steigt, wenn man sogar offenlässt, wer schuld an dem Scheitern ist. Denn: Spielt das eine Rolle? In guten Beziehungen nicht.

Allen erwachsenen Kindern, die ich auf diesem Weg begleitet habe, tut diese Entwicklung unendlich gut. Sie gewöhnen sich an das schreckliche Wort »scheitern«. Sie kämpfen nicht mehr gegen ein Scheitern in der Beziehung zu den Eltern an. Sie lassen es zu und finden ihren Frieden damit. Sie müssen den Eltern ihr Scheitern auch nicht vor Augen führen. Sie haben die Schuldfrage für sich geklärt und können die Eltern in ihrer vermeintlichen Unschuld belassen. Oft finden sich jenseits des Scheiterns Aktivitäten und Gesprächsthemen, die wirklich schön sind. Dieser Weg bestätigt sich, wenn man die Frage nach Wahrheit spirituell betrachtet.

Eine Spiritualität der Wahrheit

Wir sprechen von nackten Tatsachen. Es ist die nackte Wahrheit, die manchmal ans Licht kommt. Wahrheit kann peinlich sein. Sie beschämt. Wenn wir nach einer spirituellen Haltung zur Wahrheit suchen, wie nackt darf sie denn sein? Wenn Gott, der alles sieht, ins Spiel kommt, muss dann nicht alles ans Licht kommen ohne Rücksicht auf Schamgefühle? Die jüdisch-christliche Tradition geht jedoch behutsam mit der Wahrheit um. Offenbarung und Verhüllung treten in ein liebevolles Wechselspiel.

Adam und Eva zum Beispiel haben die verbotene Frucht probiert. Plötzlich fällt ihnen auf, dass sie nackt sind. Sie binden sich Feigenblätter um. In dieser Sündenfallgeschichte, die reich an Symbolik ist, gebrauchen Adam und Eva ihre Willensfreiheit. Sie übertreten ein Gebot, gewinnen Selbstbestimmung und verlieren ihren Einklang mit Gott. Sie machen eine Urerfahrung, die jeder Mensch wiederholt. Sie erleben die existenzielle Scham, die alle erfahren, wenn sie eine Beziehung verraten und sich ihrer Schuld bewusst werden. In dieser schamhaften Selbsterkenntnis kommt es zu einer neuen Gottesbegegnung. Was tut Gott? Er reißt Adam und Eva nicht etwa die Feigenblätter vom Leib. Im Gegenteil, er macht ihnen Kleidung, damit sie sich bedecken können. Gottes Nähe offenbart die Wahrheit: »Adam, wo bist du?« Seine Zuwendung bedeckt aber die peinlichste Not.

Wahrheit und die Wahrung von Schamgrenzen schließen sich nicht aus. Das lässt sich an vielen Stellen der biblischen Überlieferung zeigen, auch in einer Eltern-Kind-Geschichte: Im ersten Buch Mose, das auch die Paradiesgeschichte überliefert, geht es noch ein zweites Mal um Nacktheit (1. Mose 9,18-28): Der Stammvater Noah pflanzt einen Weinberg. Er keltert Wein und wird von dessen Wirkung überrascht. Am nächsten Morgen findet ihn sein jüngster Sohn nackt im Zelt. Ham sieht sich entsetzt die Lage an und überbringt den älteren Brüdern die Neuigkeit. Im Gegensatz zu Ham starren die nicht auf den nackten Vater. Sie begeben sich rückwärts, den Blick abgewandt, ins Zelt und bedecken den Vater mit einem Überwurf. Als Noah erfährt, was sich abgespielt hat, segnet der die älteren Söhne. Von Ham dagegen zieht er den Vatersegen ab und macht ihn zum Diener seiner Brüder. Denn Ham hat ihn, den Vater, entehrt. Aus unserem kulturellen Abstand betrachtet erscheint uns die Reaktion des Vaters übertrieben. Heute kann die Geschichte für eine zeitlose Wahrheit stehen: Die Blöße der Eltern ist schützenswert. Kinder sollten sie möglichst bedecken.

Wer unter der Selbstdarstellung leidet, würde die Eltern am liebsten mit der nackten Wahrheit konfrontieren. Doch damit wäre eine Beschämung verbunden. Der Glaube hält dagegen: Keinem Menschen sollte man entreißen, womit er seine Blöße bedeckt. Wenn Kinder das mit ihren Eltern tun, verletzen sie eine natürliche Ordnung und damit letztlich auch sich selbst. Jeder darf Eltern, die blenden, liebevoll durchschauen. Er darf sich der Täuschung entziehen. Doch jeder weitere Schritt, der die Eltern entblößt, wäre ein Schritt zu viel. Es gibt eine Privatsphäre, in der jeder auf die Blöße von Eltern sehen darf, in den eigenen Gedanken oder im Gespräch mit einer Vertrauensperson. Hier klären sich wichtige Dinge. Hier darf man sich bewusst machen: »Ja, mein Vater hat sich betrunken und liegt nackt im Zelt.« Doch darüber hinaus wenden Kinder der Blöße ihrer Eltern lieber den Rücken zu und bedecken sie.

Wo Eltern ihren Kindern einen schweren Schaden zugefügt haben, braucht es unter Umständen eine Öffentlichkeit. Eine Vernachlässigung, ein sexueller Missbrauch oder körperliche Misshandlung müssen in der Herkunftsfamilie offengelegt werden, wenn es dem Opfer dient. Zwar beschämt das die Täter, aber hier ist es notwendig, um den Schaden zu begrenzen. Echte Versöhnung, die eine Beziehung wieder heilt, ist in solchen Fällen selten. Denn in aller Regel schafft es das misshandelnde Elternteil nicht, zu seiner Schuld zu stehen und diese aufzuarbeiten. Trotzdem können geschädigte Kinder vergeben und zu einem versöhnten Herzen finden. Das geschieht in einem längeren Prozess, der viel Abstand zu dem misshandelnden Elternteil erfordert. Doch normalerweise geht es auch ohne die harte, trennende Konfrontation mit der Wahrheit. Viele Beispiele dieses Buches zeigen, wie auch ein taktvoller Umgang mit Wahrheit möglich ist, der Eltern weder entblößt noch beschämt.

Versöhnt leben

Erwachsene Kinder durchschauen ihre blendenden Eltern. Die (Ent-)Täuschung macht Kinder allmählich frei. Sie gewinnen eine Sicherheit: »Es liegt nicht an mir, dass ich immer wieder enttäuscht werde. Was auch immer ich tue oder leiste, es würde nichts daran ändern, dass mir meine Eltern Liebe, Aufmerksamkeit, Unterstützung oder schöne Erlebnisse schuldig bleiben, obwohl sie sich so vielversprechend inszenieren.« Erwachsene Kinder kämpfen dann nicht mehr darum, dass ihre Eltern Erwartungen, die sie geweckt haben, doch noch erfüllen. Sie müssen die Eltern auch nicht entlarven. Sie laden sie stattdessen zu mehr Ehrlichkeit und Bescheidenheit ein. Wenn sich die Eltern trotzdem besser zeigen, als sie sind, dann korrigieren erwachsene Kinder das in ihren Gedanken und sehen die Eltern so, wie sie sind. So genießen sie, was wirklich schön ist, und verschmerzen, was fehlt, auch wenn der Schmerz manchmal erst nach einer Zeit der Trauer nachlässt.

Wenn Eltern Energie rauben

Eltern ermutigen und unterstützen ihre Kinder. Sie helfen ihnen, in einer Welt zurechtzukommen, die manchmal kompliziert und hart ist. Doch was geschieht, wenn Eltern eigentlich selbst Hilfe bräuchten, damit sie im komplizierten und harten Leben zurechtkommen? Dann kehren sich schon früh die Rollen um. Eltern verhalten sich wie Kinder und Kinder, als ob sie Eltern wären. Wenn ein Elternteil aus dem Gleichgewicht gerät, tut ein Kind alles, um zu helfen. Es wird vielleicht zu einem Sonnenschein. Es nimmt sich zurück und entwickelt feine Antennen dafür, was ein Elternteil gerade braucht. Als Jugendliche sind Kinder vielleicht schon Seelentröster oder Partnerersatz eines Elternteils. Sie versuchen dieser Rolle zu entfliehen, so gut es geht. Sie ziehen sich in eine Welt der Computerspiele, der Musik, in eine Freundesclique oder in den Sport zurück. Oft nehmen sie später wieder eine helfende Rolle ein. Wie erwachsene Kinder Energie raubende Eltern erleben, zeigt die folgende Checkliste.

Checkliste »Energie rauben«

- Kümmern sich Ihre Eltern nicht ausreichend um ihr gesundheitliches, seelisches oder finanzielles Wohl? Oder treffen sie immer wieder Entscheidungen, die ihrem Wohlbefinden schaden?
- Tun sich Ihre Eltern mit Entscheidungen schwer, weil sie – egal wie sie entscheiden – mit dem Preis nicht zurechtkommen, den jede Entscheidung hat: mit dem, worauf sie verzichten müssten, oder mit dem, was eine bestimmte Möglichkeit kostet?
- Kommt ein Elternteil aus dem Gleichgewicht, wenn Sie sich nicht sehr an seine Empfindlichkeiten und Bedürfnisse anpassen?
- Laden Ihre Eltern noch heute Probleme und Sorgen bei Ihnen ab?
- Fühlen Sie sich ausgelaugt, wenn Sie Ihren Eltern begegnen oder mit ihnen telefonieren?
- Kommt Ihnen der Gedanke, Ihre Eltern zu unterstützen, wie ein Fass ohne Boden vor?
- Kommen Sie immer wieder in die Situation, dass Sie Ihren Eltern Hilfe aufdrängen, weil die sich gegen das wehren, was sie eigentlich bräuchten?

- Haben Sie immer wieder ein schlechtes Gewissen, weil Sie sich nicht mehr um ein Elternteil kümmern?

Wenn Ihnen die Situationen in der Checkliste bekannt vorkommen, dann rauben Ihre Eltern Ihnen Energie. Was das für das Leben erwachsener Kinder bedeuten kann, zeigt sich in folgenden Lebensgeschichten.

Eltern, die nicht erwachsen wurden

- *Not mit Lebensentscheidungen.* Warum nur trifft Jakobs Mutter Entscheidungen, mit denen sie nicht zurechtkommt? Eigentlich hat es mit der Entscheidung für Jakobs Vater begonnen. Jakob mag seinen Vater, aber seine Mutter kommt mit dessen Schwächen einfach nicht klar. Seit Jakob denken kann, hat sie über den Vater geklagt. Sie hat sich auch entschieden, nicht wieder in ihren Beruf einzusteigen. Es wäre auch anders gegangen – warum muss sie dann ein Leben lang klagen, dass sie als Hausfrau keine Anerkennung spürt? Sie hat Jakob schon im Grundschulalter damit belastet, dass ihr Leben sie nicht erfüllt. Jakob war ein lieber Junge. Er hat sich viel einfallen lassen, um die Mutter aufzuheitern. Heute denkt er: »Ich habe meiner Mutter viel zu oft und viel zu lange zugehört. Ich hätte einfach spielen gehen sollen. Ich war doch noch ein Kind.« Auch heute trifft Jakobs Mutter Entscheidungen, mit denen sie unglücklich ist. Nach dem frühen Tod von Jakobs Vater wollte seine Mutter keine Haushaltshilfe. Aber unentwegt klagt sie, dass sie mit der vielen Arbeit überfordert ist. Jakob hat ein schlechtes Gewissen, wenn er nicht zum Helfen vorbeikommt. Er kommt nicht gerne nach Hause. Nach dem Bad in den Nöten der Mutter fühlt er sich völlig ausgelaugt. Selbst Telefonate strengen Jakob sehr an: Endlich kann sie reden und kaum hat er sie begrüßt, öffnet sich eine Schleuse von Sorgen und deprimierenden Geschichten aus dem Alltag der Mutter. Jakob hat der Mutter schon oft vorgeschlagen, wieder aktiv zu werden. In der Kirche oder im Verein könnte sie doch eine Freundin finden und hätte dann die Ansprache, die sie braucht. Aber Jakobs Mutter tut nichts für sich.

- *Ein Elternteil, der abhängig bleibt.* Muss Sabrina jetzt tun, wozu ihre Mutter nicht mehr bereit ist? Mit der Trennung von ihrem Vater wirkt es, als habe die Mutter ihm den Stecker gezogen. Er vegetiert mehr vor sich hin, als dass er lebt. Für die Mutter ist der Auszug ein Befreiungsschlag, sie lebt auf. Sabrina ist mit ihrem Vater erstaunlich gut zurechtgekommen. Doch allmählich bekommt sie ein anderes Bild ihrer Kindheit. Ihre Mutter hat wohl die Unsicherheit, Passivität und Eigenwilligkeit ihres Vaters ausgeglichen. Sie hat den Vater wahrscheinlich erst zu dem Vater gemacht, den Sabrina erlebt hat. Jetzt, wo Sabrina selbst verheiratet ist, kann sie nur ahnen, was ihre Mutter in der Ehe alles durchgemacht hat. Sabrina spürt, dass sie mit ihrem Vater gut zurechtkäme, wenn sie nun selbst die Rolle der Mutter übernehmen würde: ausgleichend, geduldig gegenüber seinen Schwächen, bemutternd. Aber in ihr sträubt sich alles dagegen, das zu tun. Doch weil sie es nicht tut, sind die Besuche beim Vater deprimierend. Nach ein paar höflichen Sätzen kommt kein Gespräch mehr zustande. Sabrina sieht nicht ein, wie die Mutter einseitig ein Gespräch in Gang zu bringen, in dem der Vater so passiv bleibt. Wenn der Vater nichts beiträgt, versandet das Gespräch eben. Es ist außerdem ein Schock zu sehen, wie der Vater seine Wohnung, sein Äußeres, seine Kontakte, ach eigentlich alles vernachlässigt. Er wirkt deprimiert. Was soll Sabrina tun, wenn sie der Vater beim Abschied mit Hilfe suchenden Augen ansieht: »Hoffentlich bis bald!« Sie liebt ihn und kann ihn doch nicht mehr ertragen.

- *Eltern, die nicht für ihr Wohl sorgen.* Patricia schämt sich für die Geldsorgen ihrer Eltern. Klar, das Leben ist teuer und Patricias Vater verdient nicht so viel. Aber beide sind nie aktiv geworden, damit es ihnen auch finanziell gut geht. Im Gegenteil. Patricias Vater hätte nie um eine Gehaltserhöhung verhandelt, sondern hat sich gefreut, wenn ihm der Chef eine spendiert hat. Als Patricia einmal nachgefragt hat, ist ihr aufgefallen, dass die Gehaltserhöhung unter der Inflationsrate lag. Ihr Vater hat im Lauf der Jahre also immer weniger verdient. Patricias Mutter hat Nachbarskindern bei den Hausaufgaben geholfen und für andere genäht. Geld hat sie immer großzügig abgelehnt. Heute fängt eine Wanne auf dem Dachboden die Wassertropfen auf, wenn es stark regnet. »Woher soll das Geld für das

Dach kommen?«, fragt Patricias Vater. Ihre Eltern gehen kaum zum Arzt, weil sie sich vor den Zuzahlungen fürchten. Patricia hat schon überlegt, ihnen Geld zu schenken. Aber wie viel müsste sie ihnen geben, damit ihre Eltern von den Sorgen befreit wären? 1.000 Euro? 10.000 Euro? Es ist wie ein Fass ohne Boden. Patricia möchte gar nicht wissen, wie es wird, wenn der Vater in Rente geht.

Diese Lebensgeschichten zeigen: Energie raubende Eltern kommen einfach nicht mit dem Leben zurecht und das bringt sie in eine hilfsbedürftige Lage. Vor lauter Sorgen und Problemen vergessen sie die größte Freude des Elternseins: sich an ihren Kindern und deren Lebensweg zu freuen und sie mit Liebe, Wertschätzung und Unterstützung zu begleiten. Doch wie kommt es, dass Eltern derart an eigene Probleme gefesselt bleiben? Sie konnten nicht die Reife entwickeln, die es braucht, um mit dem Leben zurechtzukommen.

Ein Familienerbe der Hilfsbedürftigkeit

Auch das Energierauben ist ein Stachel, mit dem sich Kinder vor den Härten des Lebens schützen. Dahinter steht meist eine Familiengeschichte von Benachteiligung. Die Familie war vielleicht mehr als andere mit Problemen belastet. Häufig war sie auch Opfer von rücksichtslosen, boshaften oder betrügerischen Menschen – weil sie in einer schwachen Position war und sich deshalb nicht wehren konnte oder schlicht nicht wusste, wie man sich gegen böse Menschen zur Wehr setzt. Auf solche Erfahrungen kann man unterschiedlich reagieren. Eine Möglichkeit besteht darin, das Leben in einer kindlichen Hilfsbedürftigkeit zu ertragen. Dann tauchen neben den rücksichtslosen Menschen auch immer wieder großzügige Menschen auf, die helfen. Innerhalb der Familie kann man sich gegenseitig in den Nöten beistehen, auch wenn man nicht zu einer gemeinsamen Stärke findet. Manchmal kommt durch Heirat eine Person in die Familie, die stärker ist und eine Helferrolle einnimmt. Solche Geschichten kindlicher Hilflosigkeit, die auf ausbeutende und helfende Menschen trifft, ziehen sich manchmal durch ganze Generationen einer Familie. Eine Benachteiligung, die hilflos macht, kann in einer sozialen oder finanziellen Schwäche bestehen, aber auch in einer körperlichen, die von einer Krankheit herrührt.

Auch psychische Nachteile wie eine Hochsensibilität, die das Leben zu einer Überreizung und Überanstrengung macht, kann hilflos machen.

Worin aber soll ein Vorteil liegen, wenn man in einer kindlichen Hilflosigkeit verharrt? Wenn Energierauben ein Stachel ist, muss er doch auch ein sinnvoller Selbstschutz sein. Der Stachel »Energierauben« zieht Helfer, Retter und Beschützer an. Energieräuber finden oft sehr nette und reife Menschen, die sie unterstützen. Weniger glücklich als Eltern mit anderen Stacheln sind Energie raubende Eltern nicht unbedingt. Außerdem kommt man in einer wehrlosen Rolle mit bösen Menschen zurecht. Die bedienen sich zwar, doch dann ziehen sie weiter, ohne dass es zu Kampf und Zerstörung gekommen ist. Heute erscheint das vielleicht unverständlich, doch in Zeiten von Krieg und Verrohung kann Wehrlosigkeit das Überleben sichern.

Wenn Menschen mit einem Familienerbe der Hilfsbedürftigkeit selbst Eltern werden, wollen sie ihren Kindern Liebe und Unterstützung schenken. Doch sie kommen mit dem Leben nicht gut genug zurecht. Kinder spüren, dass sie sich um ihre Eltern kümmern müssen, und tun das auch – was bleibt ihnen anderes übrig? Die psychologische Fachsprache nennt dies Parentifizierung, ein Vorgang, der Kinder in die Elternrolle bringt. Erwachsene Kinder von Energie raubenden Eltern stehen vor der Aufgabe, sich aus dieser Rollenumkehr zu befreien.

Befreiung von Überverantwortlichkeit

Kinder Energie raubender Eltern fühlen sich sehr verantwortlich: »Ich muss jedem helfen, der Hilfe braucht« – »Wenn ich jemanden liebe, muss ich auch für sein Wohlbefinden sorgen«. Daraus kann sogar eine Bindungsangst entstehen. Sie lässt Menschen dann grundsätzlich vor Beziehungen zurückschrecken. Ihr Verpflichtungsgefühl wird einfach übermächtig, wenn sie anderen nahekommen. Doch jeder kann zu einem guten Gewissen finden, das sich von übertriebener Verantwortung befreit hat. Dabei helfen folgende Schritte.

- *Übertriebene und angemessene Gedanken unterscheiden.* In den ersten Lebensjahren prägen uns vor allem die Erfahrungen, die wir in unserer Familie gemacht haben. Doch bald machen wir auch Erfahrungen außerhalb der Familie, mit Spielkameraden, in Kindergarten und Schule, mit anderen Familien. Wir suchen uns irgendwann selbst Freunde aus, Menschen, die uns guttun. Mit ihnen machen wir Erfahrungen, die wohltuend anders sind als das, was wir in unserer Familie erleben. Deshalb können wir neben verzerrten Gedanken immer auch reifere, gesündere Gedanken abrufen. Die übertriebene Gewissensstimme sagt vielleicht nach einem Besuch: »Du hättest deiner Mutter ruhig noch länger zuhören können. Sie hat doch sonst niemanden.« Gibt es vielleicht noch einen anderen, wohlwollenderen Gedanken dazu? Wenn sich Betroffene das fragen, meldet sich meist auch eine gesündere Stimme: »Es war ganz schön lieb von mir, dass ich den Klagen meiner Mutter eine halbe Stunde zugehört habe. Das würde ich sonst bei niemandem tun. Aber wenn ich ihr noch länger zuhören würde, käme ich nicht mehr gerne nach Hause und meine Mutter würde das spüren. Sie war zwar kurz enttäuscht, als ich das Thema gewechselt habe. Aber ich glaube, danach war das Gespräch sogar für uns beide netter.« Dabei muss man die verzerrten Gedanken nicht verdrängen. Sie dürfen erst mal da sein. Doch man kann ihnen gesunde, angemessene Gedanken an die Seite stellen. Mit der Zeit werden die alten Gedanken schwächer, die Gefühle und Entscheidungen werden immer mehr von neuen Gedanken bestimmt.

- *Hören, was andere denken.* Freunde, die nicht mit Energie raubenden Eltern aufgewachsen sind, haben ein besseres Gefühl dafür, wie viel Verantwortung angemessen ist. Ihre Einschätzung kann wie eine Eichung sein, die in der Industrie an Waagen und anderen Messgeräten vorgenommen wird. Ab und zu kommt ein Kontrolleur, der ein ganz präzises Gerät dabeihat. Sind die Messwerte nicht richtig, zum Beispiel bei einer Waage, behebt er die Verzerrung. Freunde, die ein gesundes Verantwortungsgefühl haben, können bei der Eichung des eigenen Gewissens helfen. Fragen Sie deshalb ab und zu nach: »Was würdest du in meiner Situation tun?« – »Was denkst du: Sollte ich meine Eltern an dieser Stelle unterstützen?«. Doch unterschätzen Sie dabei nicht die psychologische Kraft, mit der wir unsere verzerrte Wahrnehmung aufrechterhalten. Vielleicht gelten ja speziell bei Ihren Eltern ganz andere Maßstäbe als bei anderen Menschen. Womöglich haben Sie eine ganz besondere Gabe zu helfen, die Sie besonders verpflichtet, mehr als andere. – Nein, auch Sie sind ein ganz normales Menschenkind mit Eltern, die ein normales Maß an Liebe und Unterstützung von ihren Kindern erwarten dürfen. Auch daran können Freunde Sie gelegentlich erinnern.

- *Weniger auf Empfang sein.* Eltern, die Energie rauben, senden Hilfe suchende Signale aus. Manchmal tun sie es mit Worten: »Wir sehen uns so selten« oder: »Es ist so viel Arbeit in dem alten Haus« oder: »Dein Vater ist so hart mit mir, gestern hat er schon wieder ...«. Kinder hören den Hilferuf ganz richtig: »Nimm dich meiner Einsamkeit an, sieh meine seelischen Nöte, hilf mir in meiner Überforderung.« Eltern ist es oft nicht bewusst, wie sie ihre Kinder damit in die Verantwortung ziehen. Oft ist es auch ihre Körpersprache, die um Hilfe zu flehen scheint: erwartungsvolle Augen, ein trauriger Gesichtsausdruck, Angst in der Stimme oder eine Körperhaltung, als ob ein Elternteil sich bereits aufgegeben habe. Manchmal setzt sich die Not auch unbewusst in Szene. Dann steht eine Mutter mit schmerzverzerrter Miene vom Stuhl auf und hinkt durch die Küche, während sie sich recht munter bewegt, wenn sie sich unbeobachtet fühlt. Auch das sind Hilfe suchende Inszenierungen, die Eltern nicht bewusst sind. Trotzdem rühren solche Szenen an das Gewissen von Kindern. Wer sich von Schuldgefühlen befreien will, darf sich Hilfe suchenden Signalen nicht zu lange aussetzen. In Gesprächen kann man das Thema wechseln, wenn das Klagen überhandnimmt. Manchmal kann es hilfreich sein, Gespräche und Besuche zu verkürzen. Kinder können die Hilfe suchenden Signale leichter verarbeiten. Sie finden dann schneller zu einem guten Gewissen zurück.

- *Konkrete Möglichkeiten abwägen.* Manchmal hilft es, wenn man sich ganz praktisch überlegt, wie man Eltern sinnvoll unterstützen kann. Patricia in unserem Beispiel grübelt immer wieder über die finanzielle Not der Eltern. Aber eigentlich ist die Sache klar. Ihre Eltern verfügen nicht über die Mittel, ein altes Haus instandzuhalten. Irgendwann müssen sie es verkaufen und in eine Mietwohnung ziehen, die sie von ihrer Rente bezahlen können. Dann haben sie sogar

Rücklagen. Daher wäre es nicht sinnvoll, wenn Patricia ihre Ersparnisse für eine Dachreparatur opfern würde. Mit der Gesundheit der Eltern ist es anders. Sie hat ihren Eltern eine hübsche Spardose mit 5-Euro-Scheinen geschenkt, die nur für Medikamentenzuzahlung sind. Ihre Eltern wollten das abwehren, doch Patricia hat darauf bestanden. Patricia fragt nun ab und zu, ob die Eltern ihr Geschenk auch nutzen. Tatsächlich gehen diese nun häufiger zum Arzt und einige 5-Euro-Scheine sind schon verschwunden.

Auf diese Weise finden erwachsene Kinder zu einem guten Gewissen: Sie korrigieren übertriebene Gedanken, setzen sich Hilfe suchenden Signalen der Eltern weniger aus und prüfen ganz praktisch, ob und wie sie sinnvoll unterstützen können. Doch wenn erwachsene Kinder ein Maß an Verantwortung finden, mit dem sie leben können, wer kümmert sich dann um den Rest?

Woher Hilfe kommen kann

Unsere Gesellschaft spannt ein engmaschiges soziales Netz auf, das Menschen in fast allen Situationen auffangen kann. Es gibt Therapien, Beratungen, Selbsthilfegruppen, finanzielle und praktische Unterstützung von unzähligen Trägern. Manchmal fallen bedürftige Menschen trotzdem durch die Maschen des sozialen Netzes. Oft liegt das an einem Mangel an Information: Betroffene wissen gar nicht, dass es eine geeignete Hilfe gibt und wie sie diese in Anspruch nehmen können. Dabei können erwachsene Kinder helfen. Sie können sich informieren und einem Elternteil einen Vorschlag machen oder einen Termin organisieren. So können erwachsene Kinder ein gutes Maß für die Unterstützung finden: »Ich kann es leider nicht selbst leisten, aber ich kann dir dabei helfen, Unterstützung zu finden, wenn du das möchtest.« Doch dann begegnet erwachsenen Kindern oft ein zweiter Grund, warum Menschen durch das soziale Netz rutschen. Sie scheuen sich, Hilfe anzunehmen. »Help rejecting complainer« nennt die psychologische Fachsprache Personen, die zwar ihre Nöte ausdrücken, aber Hilfe nicht gut annehmen können. Fachleute versuchen deshalb, ihr Angebot so einladend und niederschwellig wie möglich zu machen. Doch alles fachliche Bemühen kann den Preis nicht aus der Welt schaffen, den es kostet, Hilfe anzunehmen. Es ist einfach peinlich, sich einem fremden Menschen in seiner Not zu zeigen. Wer ein Problem angeht, wird sich dessen bewusster und fühlt sich vielleicht erst mal schlechter. Man ist auch unsicher, ob die Helfer gut mit einem umgehen. Betroffene ahnen außerdem: Früher oder später werden sie aufgefordert, auch selbst etwas für sich zu tun. Auch das kann mühsam und überfordert wirken. Energie raubende Eltern sehnen sich nach etwas anderem: eine Hilfe, die einfach so in ihr Leben kommt ohne Unsicherheit und ohne Anforderungen. Deshalb lehnen sie professionelle Hilfe häufig ab oder warten, bis eine Not unerträglich wird.

Trotzdem kann es für Kinder entlastend sein, professionelle Hilfe ins Gespräch zu bringen. Je nach Thema kann es eine Psychotherapie sein, eine Beratungsstelle oder, wenn die Eltern die Mittel haben, auch eine Putzkraft oder Pflegekraft. Wie das praktisch wird, kann ich am Beispiel der Einsamkeit zeigen, unter der viele Energie raubende Eltern ab der Lebensmitte leiden. »Ich habe doch nur euch«, sagt ein Elternteil dann häufig. Er oder sie hat keine Freunde mehr und ist nirgends in eine Gemeinschaft eingebunden, etwa in einen Verein oder eine Kirchengemeinde. Das Elternteil bräuchte dann mehr als eine gute Beziehung zu einem erwachsenen Kind. Dieses müsste Freunde ersetzen und eine soziale Zugehörigkeit schenken. Das geht natürlich nicht. Trotzdem wird ein einsames Elternteil kaum aktiv werden und einfach Freundschaften aufbauen, wenn das bisher nicht geglückt ist. Doch meist findet sich ein Seniorencafé, das von Menschen geleitet ist, die auch neue gut integrieren können. Es gibt Gesprächsgruppen oder eine Seniorenarbeit in einer Kirchengemeinde. Während ein Energie raubendes Elternteil jede Freundschaft sterben lässt, wenn das Geben und Nehmen nicht ausgeglichen ist, finden sich in sozialen Einrichtungen immer auch Menschen, die sich uneigennützig um andere kümmern. Manchmal kann eine Psychotherapie die Brücke zu solchen Angeboten schlagen. Psychotherapeuten können sich auf Menschen einstellen, die Hintergründe für die Einsamkeit verstehen und Möglichkeiten im Umfeld von Betroffenen suchen, die eine menschliche Einbindung unterstützen.

Wenn ein Energie raubendes Elternteil dann sagt, es brauche keine Hilfe, geht es ihm vielleicht besser, als es in Momenten von Klagen den Anschein hat. Manchmal greifen Eltern einen Vorschlag auch später auf, weil ihr Leidensdruck gestiegen ist und sich zum Beispiel eine depressive Verstimmung eingestellt hat. Ihr Leben verbessert sich dann durch die Hilfe. Kinder Energie raubender Eltern kommen so in eine entspanntere Lage: Sie können immer mal wieder anbieten, eine Brücke zu einer Hilfe zu bauen. Dadurch leisten sie eine liebevolle Unterstützung, ohne sich selbst mit den Nöten eines Elternteils zu überfordern.

Hier liegt der Schlüssel zu einer versöhnten Beziehung mit den Eltern. Kinder finden dann ein gutes Maß für ihre Unterstützung, auch wenn es weit hinter dem zurückbleibt, was die Eltern eigentlich brauchen würden. Doch manchmal sind es nicht Sorgen, Nöte und Probleme der Eltern, die erwachsene Kinder in die Verantwortung ziehen. Es ist die Beziehung selbst, die Energie raubt. Denn die hat nur funktioniert, weil Kinder ertragen haben, was eigentlich nicht erträglich ist. Sie sind den Empfindlichkeiten ihrer Eltern so weit entgegengekommen, dass sie sich verbogen, überanstrengt und aufgeopfert haben. Was aber geschieht, wenn sich Kinder aus dieser Rolle lösen? Muss die Beziehung dann nicht scheitern? Dieses Risiko gehen erwachsene Kinder ein, wenn sie sich aus der Überverantwortlichkeit befreien. Doch in den meisten Fällen geht es gut aus. Was dabei genau geschieht, zeigen zwei Geschichten einer Befreiung.

Das Ende der Selbstaufopferung – mit Happy End

Für Lisa sind Gespräche mit dem Vater unglaublich anstrengend. Wenn es ihm gesundheitlich nicht gut geht, schimpft er über Ärzte. Über Politiker schimpft er sowieso, auch über Behörden, Konzerne, das Internet, über fast alles. Er kann sich richtig in Wut reden. Lisa hat schon als Kind dagegen protestiert, doch nichts und niemand konnte den Vater vom Schimpfen abbringen. Sie hat sich benutzt gefühlt wie ein Blitzableiter oder ein Mülleimer, durch die der Vater die negativen Gefühle loswird. Nach dem Schimpfen ist der Vater wieder ausgeglichen. Er lächelt und wirkt entspannt. Lisa aber geht es schlecht. Als hätte der Vater tatsächlich seine negativen Gefühle bei ihr abgeladen. Trotzdem hatte Lisa kaum eine Wahl. Denn der Vater hat sich einfach nicht vom Schimpfen abbringen lassen. Darüber konnte man nicht mit ihm reden. Bei Lisa ist die Botschaft angekommen: »Entweder du nimmst mich, wie ich bin, oder du lässt es eben.« Aber ganz zurückziehen wollte sich Lisa nicht, auch nicht als Erwachsene. Dafür ist sie einfach nicht der Typ.

Lisa hat aber heute entschieden: Sie hört dem Schimpfen nicht mehr zu. Dieser Entschluss hat sie sehr befreit. Ihr Vater hat das erstaunlich gut angenommen. Lisa unterbricht ihn, wenn er schimpft, und wechselt das Thema. Wenn der Vater richtig aufgebracht ist und immer wieder zu schimpfen anfängt, beendet sie das Telefongespräch und sagt: »Papa, ich rufe dich morgen noch mal an. Dann hast du dich bestimmt beruhigt.« Außerdem hat Lisa sich Themen zurechtgelegt, über die sie mit dem Vater gut reden kann. Er erzählt gern über sein früheres Leben und Lisa hört immer wieder Erlebnisse, von denen sie noch gar nichts wusste. Die Musik und der Glaube sind Themen, bei denen der Vater selten schimpft. Wenn sie zu Besuch ist, geht sie mit dem Vater in die Natur oder in klassische Konzerte. Manchmal ist es dann richtig nett mit ihm. Sie muss nur geistesgegenwärtig sein, denn natürlich bricht das Schimpfen immer mal wieder aus dem Vater heraus. Dann darf Lisa nicht in die alte Rolle des kleinen Mädchens zurückfallen, das erstarrt und das Schimpfen über sich ergehen lässt. Sie muss den Vater dann entschlossen stoppen oder zur Not auch aus dem Raum gehen.

Lisa tut der Vater immer noch leid, er könnte es ja so viel schöner haben. Aber das ist nicht mehr ihr Thema. Sie hat eine Ebene gefunden, auf der sie mit ihm gute Begegnungen hat. Sie merkt, wie viel ihrem Vater das bedeutet. Auf dieser Basis kann diese auch ehrlich sein. Sie hat ihrem Vater sogar gesagt: »Papa, in den nächsten Wochen schließe ich eine Fortbildung ab. Da werde ich mich weniger melden. Du hast vielleicht gemerkt, dass ich mich inzwischen in Sicherheit bringe, wenn du so wütend wirst und schimpfst. Das ist anstrengend für mich. Dafür habe ich die nächsten Wochen keine Kraft, nach der Fortbildung geht es aber wieder.« Lisa war neugierig und ängstlich zugleich, wie ihr Vater auf ihre Ankündigung reagiert. Er hat es wohl nicht richtig an sich rangelassen und nur gesagt: »Ja, ja. Du bist ja nicht aus der Welt.«

Das Ende der Selbstaufopferung – ohne Happy End

Lisa hat einen guten Weg mit ihrem Vater gefunden. Doch so gut endet es nicht immer, wenn erwachsene Kinder ein Maß dafür suchen, wie sie für ein Elternteil da sein können. Deshalb muss ich auch eine Geschichte des Scheiterns erzählen.

Hochsensibilität, Narzissmus, Borderline, Bindungsstörungen, Traumata – wann immer Daniel etwas über psychisch belastete Menschen liest, findet er darin seine Mutter wieder. Daniel hat sich als Kind unglaublich an seine Mutter angepasst. Er war still, genügsam, wohl auch emotional gehemmt, sehr vernünftig und hilfsbereit. Er hat sich viel einfallen lassen, um seiner Mutter eine Freude zu machen. Auch heute empfindet Daniel Begegnungen wie einen Eiertanz um die Empfindlichkeiten seiner Mutter herum. Sie kocht zwar etwas Gutes, macht Geschenke, und wenn sie in guter Stimmung ist, kann sie richtig nett sein. Aber wann immer Daniel einmal selbst ein wenig Entgegenkommen von seiner Mutter bräuchte, verliert sie das Gleichgewicht. Wenn Daniel zum Beispiel ankündigt, dass er sich bei einem Besuch verspäten wird, reagiert die Mutter verstimmt. Daniel erlebt, wie seine Mutter auch gegenüber seiner Tochter die Rollen vertauscht. »Warum kommst du denn nicht einmal zu mir?«, fragt die Mutter ihre Enkelin, als Daniel gerade angekommen ist und sich die Tochter noch an Daniels Bein festhält. Warum soll denn ein dreijähriges Mädchen auf die Oma zugehen und für schöne Momente sorgen statt umgekehrt? Als Daniel das anspricht, kommt es zu einem Streit, bei dem ihm die Mutter Vorwürfe macht. Doch auf sein Anliegen, dass seine Mutter auf ihre Enkelin zugeht, statt es umgekehrt von ihr zu erwarten, geht seine Mutter nicht ein. Daniel beobachtet auch beim nächsten Besuch, dass die Mutter seinen Wunsch ignoriert.

Wie kann Daniel in einer solchen Situation ein Maß dafür finden, was er ertragen will und was nicht? Er hat das offene Gespräch mit seiner Mutter gesucht. Daniel hat vorsichtig erklärt, dass natürlich auch sie Schwächen hat, wie jeder andere Mensch auch, und er wünsche sich, dass er es ansprechen kann, wenn sie einmal etwas sagt, womit sich andere nicht wohlfühlen.

- »Ich lasse mir nicht den Mund verbieten«, hat die Mutter schon spürbar gereizt entgegnet.
  »Das will ich auch nicht, Mama. Ich möchte es nur sagen können, wenn es mir einmal mit dem nicht gut geht, was du tust oder sagst. Oder wenn ich es an irgendeiner Stelle etwas anders brauche, um

mich wohlzufühlen, dann könnte ich das doch auch sagen, oder?«
»Weißt du, wie verletzend du dich oft verhältst?«, geht die Mutter zum Gegenangriff über. Daniel durchschaut inzwischen, dass die Vorwürfe ein Ablenkungsmanöver sind. Denn das, was er seiner Mutter eigentlich sagen möchte, geht dann in dem hässlichen Streit unter.
»Mama, ich möchte einfach, dass wir uns beide wohlfühlen können, wenn wir zusammen sind.«
»Dann kann ich dir auch sagen, wie verletzend deine Bemerkung beim letzten Besuch war«, setzt die Mutter ihren Angriff fort.
»Mama«, sagt Daniel entschlossen. »Wenn ich mit dir nicht über das sprechen kann, womit ich mich nicht wohlfühle, dann können wir uns nicht mehr so oft sehen.«
»Dann eben nicht«, sagt die Mutter mit kaltem Gesichtsausdruck und wendet ihren Blick ab.
»Dann möchte ich jetzt erst mal gehen, ich glaube ich muss über unser Gespräch nachdenken«, sagt Daniel.
Daniel versucht noch freundliche Abschiedsworte zu finden, spricht aber in eine kalte, fast feindselige Stimmung hinein. Seine Mutter schweigt einfach und gibt sich keinerlei Mühe, die Begegnung angenehm enden zu lassen. Doch schon als Daniel das Treppenhaus heruntergeht, spürt er eine unendliche Erleichterung. Plötzlich fühlt er eine Gewissheit. Er muss sich der Rücksichtslosigkeit, Unvernunft und Gemeinheit seiner Mutter nicht mehr ausliefern. Daniel ist gar nicht wütend auf seine Mutter, auch nicht enttäuscht von ihr. Er weiß ja, dass sie nicht anders kann. Gelitten hat er nur unter der lebenslangen Verpflichtung, sich der psychischen Störung seiner Mutter immer neu auszuliefern und auf jede gesunde Gegenwehr zu verzichten.

Daniels Beziehung zu seiner Mutter ist heute oberflächlich. Er telefoniert nicht mehr, sondern schreibt Karten oder schickt ein paar Bilder übers Smartphone. Allein trifft er sich nicht mehr mit seiner Mutter. Was ganz gut funktioniert, sind Familienfeste oder Treffen, bei denen auch die Familie seiner Schwester dabei ist. Dort kann er auch ein paar Sätze mit seiner Mutter reden. Daniel versteht nicht, warum seine Mutter nicht den kleinsten Schritt auf ihn zumacht. Denn er wäre ja sofort offen für einen Neubeginn, wenn sie ihm nur ein wenig entgegenkommen würde. Doch die bleibt hart und unbeweglich. Daniel denkt heute mit traurigen Gefühlen an sie, aber er fühlt sich befreit.

Das Maß, das Daniel gefunden hat, ist also ein sehr kleines Maß. Alles andere ist gescheitert. Trotzdem hat Daniel ein versöhntes Herz und kann liebevoll an seine Mutter denken. Er hält eine positive Zukunft offen, obwohl es gerade nicht danach aussieht, dass seine Mutter je aus ihrer Verhärtung herausfindet.

Wie lesen Sie den Weg, den Daniel mit seiner Mutter gefunden hat? Darf er sich auf diese Weise befreien und seine Mutter allein zurücklassen? Diese Frage stellen sich nicht nur Menschen, die sozial eingestellt sind, sondern auch Gläubige. Die tragen manchmal schwer an der Gewissensfrage. Denn sie spüren nicht nur die Verantwortung für ein Elternteil, sondern auch eine Verantwortung vor Gott.

Eine Spiritualität der Berufung

Eine Lebensweisheit sagt: Wähle erst den Weg, den du in deinem Leben gehen möchtest, und dann die Menschen, mit denen du dich auf den Weg machst. Wessen Wegbegleiter andere Ziele haben, der hat es schwer auf seinem Weg und kommt vielleicht nie an. In der biblischen Tradition lassen sich Menschen von Gott auf neue Wege rufen. Abraham begegnet Gott, verlässt seine Heimat und zieht ins Ungewisse. Mose begegnet Gott am brennenden Dornbusch, führt sein Volk aus der Sklaverei heraus und einem guten Land entgegen. Später werden Menschen von Jesus angesprochen: »Komm, und folge mir nach!« Sie lassen alles hinter sich und schließen sich Jesus an. Auch heute werden Menschen von der Jesus-Botschaft ergriffen und verändern ihren Lebensweg. Manche Wege nehmen so eine andere Richtung.

Natürlich gibt es dabei Kräfte, die einen an dem Ort halten, wo man es sich eingerichtet hat. Manchmal halten uns Sachzwänge, oft sind es Menschen, die etwas von uns erwarten oder vielleicht etwas von uns brauchen. Eltern, die Energie rauben, halten ihre Kinder in besonderer Weise fest. Ihre Sorgen, Nöte und Bedürfnisse binden und können zu einer Fessel werden. Manche Kinder von Energie raubenden Eltern erleben das schon früh. Sie fühlen sich zerrissen zwischen der Verantwortlichkeit für ihre Eltern und ihrem eigenen Leben, in das sie ihre

Neugier und Entdeckerfreude lockt. Der christliche Glaube ergreift hier Partei: Nichts und niemand darf dich festhalten, wenn du aufbrichst und den Weg gehst, auf den Gott dich ruft.

Jesus hat für viele Themen eine behutsame Sprache gewählt. Herausfordernde Botschaften hat er oft in Gleichnisgeschichten gehüllt, auf deren Wahrheit sich jeder in seinem Tempo einlassen kann. Doch was das Thema unseres Kapitels angeht, spricht Jesus Worte, die wehtun. »Lass die Toten ihre Toten begraben!« (Lukas 9,59-60), sagt Jesus zu einem Mann, der erst noch seinen Vater begraben will, bevor er sich Jesus anschließt. Dieses Zitat habe ich schon im Kapitel »Wenn Eltern Grenzen überschreiten« aufgegriffen. Dort habe ich auch zitiert, wie Jesus seine Mutter und Geschwister abweist: »Wer ist meine Mutter, und wer sind meine Brüder? ... Seht, das sind meine Mutter und meine Brüder! Denn wer den Willen meines Vaters im Himmel tut, der ist mein Bruder, meine Schwester und meine Mutter« (Matthäus 12,49-50). Kann man das hören, ohne dass dies einen schmerzt? Die biblische Überlieferung schreckt vor diesem Schmerz nicht zurück. Noch vor der Geburt Jesu hört Maria ein rätselhaftes prophetisches Wort, das ihr ein alter Mann überbringt: »... auch durch deine Seele wird ein Schwert dringen« (Lukas 2,35). Es bereitet sie auf den Schmerz vor, den der Weg ihres Sohnes mit sich bringen wird. Später wird Jesus das gleiche Bild in einem ähnlichen Zusammenhang gebrauchen: »Ich bin nicht gekommen, um Frieden zu bringen, sondern das Schwert. Ich bin gekommen, um den Sohn mit seinem Vater zu entzweien, die Tochter mit ihrer Mutter und die Schwiegertochter mit ihrer Schwiegermutter« (Matthäus 10,34-35). Das Leben, in das Jesus Menschen ruft, wird von der Familie vielleicht mit Vorwürfen und Unverständnis beantwortet, manchmal sogar mit Ablehnung und Hass. Dann muss der Glaubende wählen: zwischen der familiären Bindung und dem Leben, in das Gott ihn ruft. In dem Bild vom Schwert gesprochen, das Jesus verwendet: Manchmal muss ein Glaubender Bindungen gewaltsam trennen in einer Weise, die beide Seiten schmerzt und verletzt.

Diese Parteilichkeit des Glaubens kann erwachsenen Kindern helfen. Familiäre Bindungen müssen den eigenen Lebensweg nicht behindern. Noch mehr: Sie dürfen es nicht. Die erste Berufung jedes Menschen liegt in seinen Begabungen und seinen Lebensmöglichkeiten. Im Glauben wird auch die Persönlichkeit jedes Menschen als Schöpfungswerk Gottes verstanden. Es liegt nicht nur eine Freude darin, seine Möglichkeiten zu entfalten, es ist auch eine Bestimmung. Es gehört zur Würde des Menschen, seinen Weg zu wählen, eigene Bindungen einzugehen, sein Glück und seinen Sinn zu suchen. Viele Menschen entdecken dabei eine Bestimmung. Sie wird durch Lebenserfahrungen geformt und – so deutet es der Glaube – irgendwann von Gott in Dienst genommen. Es kann eine soziale Bestimmung sein, die nicht anders kann, als sich für Leidende oder Benachteiligte einzusetzen. Oder eine künstlerische, politische, Gesellschaft gestaltende, Menschen führende, wissenschaftliche oder bei anderen Glauben weckende Bestimmung. Menschen, die dieser Bestimmung nicht folgen, werden nicht nur unglücklich, sondern bleiben der Welt das Beste schuldig, das sie zu geben haben. Manche empfangen dabei auch einen persönlichen Ruf von Gott. Sie gehen Wege, die sie nicht von sich aus gegangen wären.

Wer sich seiner Bestimmung stärker verpflichtet weiß als seinen Eltern, wird die Schritte dieses Kapitels mit frohem Herzen und leichtem Gewissen gehen, auch wenn das manchmal wehtut.

Gewissensfrieden und ein versöhntes Herz

Die Befreiung des Gewissens schwächt die Liebe zu den Eltern nicht, sondern macht sie stärker. Erwachsene Kinder geben ihren Eltern gerne, was sie geben können, auch wenn es hinter dem zurückbleibt, was Eltern brauchen würden. Kinder fühlen mit den Nöten ihrer Eltern mit, bleiben aber trotzdem entspannt. Denn sie wissen inzwischen, dass sie nicht für ihre Eltern verantwortlich sind. Erwachsene Kinder fühlen sich dann auch frei, die Eltern einmal zu stoppen, wenn das Gespräch über Sorgen, Nöte oder andere negative Dinge überhandnimmt. Sie erdulden es auch nicht mehr einfach, wenn sich Bedürfnisse der Eltern als Vorwurf oder Forderung ausdrücken. Stattdessen wechseln sie das Thema oder entziehen sich dem Gespräch auf taktvolle Weise. Dann macht es auch wieder Freude, den Eltern zu begegnen. Kinder entledigen sich dabei einer Fessel, zu der ihnen die Eltern geworden sind. Sie werden frei, ihr eigenes Leben mit voller Aufmerksamkeit und ganzer Hingabe zu führen.

Wenn Eltern bestrafen

Muss man beim Erziehen strafen? Nein. Darin sind sich Pädagogen heute einig. Anreize und Konsequenzen reichen für die Erziehung aus. Anreize sorgen dafür, dass ein Kind seine Wünsche auch einmal zurückstellen kann. Zum Beispiel gibt es den süßen Nachtisch erst, wenn ein Kind das Gemüse aufgegessen hat. Kurzfristig wäre es leckerer, sich gleich über den Nachtisch herzumachen. Karotten schmecken mitunter bitter, auch ihre Konsistenz ist zäh, besonders wenn sie roh sind. Doch das Kind soll sich an eine gute Ernährung gewöhnen. Später wird es Karotten vielleicht lieben. Deshalb setzen die Eltern einen Anreiz und stellen ihr Kind vor die Wahl: Du musst das Gemüse nicht aufessen, dann gibt es aber auch keinen süßen Nachtisch. Konsequenzen sorgen außerdem dafür, dass ein Kind auf andere Rücksicht nimmt. Deshalb bekommt es vielleicht eine Auszeit im eigenen Zimmer, wenn es die Schwester geschlagen hat.

Strafende Eltern halten solche Überlegungen für Haarspalterei. Sie vertreten: Wenn ein Kind keinen Nachtisch bekommt oder in sein Zimmer muss, dann ist das eine Strafe. Doch Strafe folgt einer anderen Logik: Sie fügt dem Kind Schmerz, Beschämung oder andere quälende Erfahrungen zu: »Weil du böse warst, musst du Böses erleiden.« Strafende Eltern machen auch aus positiven Anreizen eine Strafe. Wenn ein Kind keinen Nachtisch bekommt, führen sie in sadistischer Weise vor, wie lecker der Nachtisch für sie, die Eltern, ist, die ihre Karotten gegessen haben. Andere Reaktionen tragen gar keinen Anreiz in sich. Sie sind nur zur Bestrafung da wie Schläge oder wütendes Schimpfen. Damit sie ein Kind besonders treffen, zielen Strafen auf das, was dem Kind am liebsten ist. Ein Kind, das gerne draußen spielt, bekommt Hausarrest. Ein Kind, das Computerspiele liebt, darf sie nicht mehr spielen. Wo Geld knapp ist, wird das Taschengeld gekürzt. Ein liebesbedürftiges Kind wird mit Schweigen bestraft. Strafende Eltern pflanzen ihren Kindern damit zwei Unwahrheiten ein. Erstens: Das Kind sei schuld an der Strafe, schließlich hat es ja eine Regel gebrochen oder etwas Falsches getan. Doch darin liegt keine Schuld. Es ist ganz normal, dass sich Kinder nicht an Regeln halten. Sie folgen ihren Bedürfnissen und lassen sich von ihren Gefühlen leiten. Ein solches Verhalten ist weder schlecht noch böse, auch wenn es durch Erziehung geformt werden muss. Die zweite Unwahrheit lautet: Strafen seien notwendig. Andernfalls verkämen Kinder zu rücksichtslosen Egoisten. Doch liebevolle Elternhäuser zeigen: Eine gute Beziehung zum Kind, Anreize und Konsequenzen reichen für die Erziehung völlig aus. Sie bringen selbstbewusste Persönlichkeiten hervor, die sich einordnen und einfühlen können, die Rücksicht nehmen und Verantwortung tragen.

Wenn Ihre Eltern Sie gestraft haben, dann haben Sie vielleicht beide Unwahrheiten verinnerlicht: Sie fühlen sich schuldig, wenn Sie bestraft werden, und glauben, dass Strafen berechtigt sind. Womöglich werden Sie erst beim Lesen dieses Kapitels erkennen: Das Problem mit Ihren Eltern besteht darin, dass Sie noch heute bestraft werden. Beispiele dafür finden Sie in der folgenden Checkliste.

Checkliste »Wenn Eltern bestrafen«

- Sind Sie gegenüber Ihren Eltern vorsichtig, damit diese nichts in den falschen Hals bekommen?
- Entziehen Ihnen Ihre Eltern ihre Hilfe und ihr Wohlwollen, wenn Sie sich etwas zuschulden kommen lassen?
- Macht ein Elternteil manchmal absichtlich Bemerkungen, die Sie verletzen?
- Reden Ihre Eltern manchmal schlecht über Sie, zum Beispiel gegenüber Geschwistern oder gemeinsamen Bekannten im Ort?
- Reagieren Ihre Eltern auch heute noch mit Liebesentzug, wenn sie sich über etwas ärgern oder enttäuscht sind?
- Bevorzugen Ihre Eltern demonstrativ die Personen, die sich in deren Augen gerade angenehm verhalten?
- Empfinden Ihre Eltern Groll und Enttäuschung über Ereignisse, die schon Jahre zurückliegen?
- Nehmen Ihre Eltern manchmal eine Opferrolle ein und geben Ihnen dadurch das Gefühl, böse und schlecht zu sein? (»Wie konntest du uns das antun?«)
- Hatten Sie schon einmal den Gedanken, dass Sie von Ihren Eltern schwer bestraft werden, zum Beispiel durch Kontaktabbruch oder Enterbung?
- Haben Ihre Eltern Sie als Kind mehr bestraft als andere Eltern der gleichen Generation?

Diese Checkliste zeigt: Auch bei erwachsenen Kindern erfüllt die Strafe ihren Zweck. Eltern lassen Kinder leiden und empfinden ein Gefühl der Gerechtigkeit. Außerdem funktioniert die Abschreckung: Erwachsene Kinder behandeln strafende Eltern mit besonderer Vorsicht. Wie das die Beziehung zwischen Eltern und Kindern bestimmen kann, zeigen die folgenden Familiengeschichten.

Eltern, bei denen man nichts falsch machen sollte

- *Überempfindliche Eltern.* Eigentlich hat Verena eine gute Beziehung zu ihrer Mutter. Sie treffen sich einmal die Woche. Als Verena letztes Jahr Liebeskummer hatte, war ihre Mutter für sie da. Allerdings muss Verena vorsichtig sein. Wenn sie ihrer Mutter zum Beispiel widerspricht, kann das Folgen haben. Dann zieht sich die Mutter zurück, meldet sich nicht und reagiert auch nicht, wenn Verena eine Nachricht schreibt. Verena fühlt sich dann schlecht und grübelt, was sie falsch gemacht hat. Sie ärgert sich über ihre Mutter. Warum muss sie so schnell beleidigt sein? Doch ansprechen sollte sie das besser nicht. Kritik verträgt ihre Mutter nämlich nicht. Dann zieht sich ihre Mutter noch länger zurück. Irgendwann meldet sie sich dann wieder, als wäre nichts gewesen. Verena hat dann offensichtlich ihre Strafe verbüßt.

- *Zuckerbrot und Peitsche.* Stefan hat lange nicht verstanden, warum sich seine Frau mit seiner Familie schwertut. Er liebt seine Familie und hat bei Besuchen dort eine gute Zeit. Doch seine Frau klagt, dass seine Schwestern gemeine Bemerkungen machen und sie sich abgelehnt fühlt. Stefan dachte, dass seine Frau selbst schuld daran ist. Sie ist so direkt und undiplomatisch. Das kommt eben nicht gut an in seiner Familie. Ist es dann ein Wunder, dass sie spitze Bemerkungen auf sich zieht und man ihr die kalte Schulter zeigt? Stefan hat versucht, seiner Frau zu erklären, wie sie sich besser in seine Familie einfügt. Die hat versucht, sich anzupassen, so richtig gut gelungen ist das aber nicht. Nach Familientreffen gab es immer Streit zwischen Stefan und seiner Frau. Heute versteht er sie allerdings besser. In einer Sache, die ihm wichtig war, hat er sich nämlich gegen die Familie gestellt. Seither treffen auch ihn spitze Bemerkungen. Bei manchen Themen zeigt ihm die Mutter die kalte Schulter. Hat Stefan die ganzen Jahre zu viel von seiner Frau verlangt?

- *Ein liebes Gesicht und ein Hassgesicht.* Mona hat den Kontakt zu ihrer Mutter abgebrochen. Das war schwer, aber jetzt geht es Mona wieder besser. Die Mutter fehlt ihr, denn sie konnte auch sehr lieb sein. Doch sobald Mona etwas tut, was ihr nicht passt, zeigt die Mutter ihr Hassgesicht. So hat es Mona schon als Kind genannt. Dann macht sie Mona schlimme Vorwürfe und gibt ihr die Schuld an allem. »Wegen dir habe ich die ganze Nacht nicht geschlafen« – »Du solltest dich schämen, so etwas zu sagen« – »Niemand wird so von seiner Tochter behandelt«. Wenn Mona dann nachfragt, was sie verbrochen hat, sind es Kleinigkeiten, zum Beispiel, dass sie einen Besuch verschoben hat oder etwas nicht brauchen kann, was ihr die Mutter schenken will. Manchmal findet Mona auch gar nicht heraus, worüber sich die Mutter geärgert hat. Wenn Mona dann nachfragt, sagt die Mutter nur: »Das weißt du hoffentlich selbst.« Dann grübelt Mona, was sie falsch gemacht hat.

- *Liebe als Belohnung.* »Nimm dir doch ein Beispiel an deiner Schwester.« Gibt es einen schlimmeren Satz, den Eltern sagen können? So hat Marias Vater sie erzogen und das ziemlich wirkungsvoll. Manche Jahre war sie der Liebling. Denn sie war aufgeweckt und konnte schon im Kindergarten lesen. Der Vater hat sie vorgezogen und als Vorbild hingestellt. Das muss ihrer Schwester sehr wehgetan haben. Als Jugendliche wurde Maria unabhängiger. Da hat der Vater sie fallen lassen. Er hat sie ignoriert, kritisiert und wieder mit der Schwester verglichen, diesmal aber andersherum: »Elisabeth zeigt uns, dass ihr die Familie wichtig ist. Warum kannst du das nicht auch tun?« Marias Schwester ist einfach fleißiger und häuslicher. Sie war auch als Jugendliche brav und hatte gar nicht das Bedürfnis auszugehen. Das war dann wohl gerade das, womit man beim Vater punkten konnte. Bevorzugt und fallen gelassen werden, nach diesem Muster ging es immer weiter. Heute hat Maria ihr erstes Kind und kommt gerne zu den Eltern, weil es dort gerade schön ist und sie die Unterstützung brauchen kann. Nun ist sie der Liebling und wird vom Vater mit Babygeschenken überhäuft. Doch sicher fühlt sich diese Zuwendung nicht an. Was passiert zum Beispiel, wenn Maria ihren Sohn anders erzieht, als sich der Vater das vorstellt? Dann wird sie von dem Sockel stürzen, auf den sie der Vater gerade hebt. Maria ärgert sich aber auch über sich selbst. Warum kann es ihr nicht egal sein, wen ihr Vater gerade bevorzugt? Und warum ist das Verhältnis zu ihrer Schwester immer noch durch Konkurrenz vergiftet? Inzwischen durchschauen doch beide, was für ein Spiel der Vater spielt.

Auch erwachsene Kinder lassen sich von Strafen beeinflussen. Sie leiden und passen sich an die Erwartungen des strafenden Elternteils an. Sie sind vorsichtig und wachsam. Sie vermeiden, was eine Strafe nach sich ziehen könnte. Wenn sie einmal bewusst tun, was einem Elternteil missfällt, sind sie angespannt und erwarten, dass bald etwas Unangenehmes passiert. Doch was steckt hinter den Strafen? Warum müssen Eltern so reagieren, wenn ihnen etwas nicht passt?

Ein Familienerbe der Ungerechtigkeit

Strafende Eltern sind oft selbst mit Strafen erzogen worden. Eine Generation gibt die Erfahrung von Ungerechtigkeit an die nächste weiter. Denn Strafen sind ungerecht. Wie oben erwähnt, hat ein Kind nur verbrochen, dass es ein Kind ist. Strafen machen außerdem ohnmächtig. Denn sosehr sich ein Kind auch anstrengt, es kann der nächsten Strafe nicht entgehen. Wenn Kinder gegen die Strafe protestieren oder Jugendliche über die Ungerechtigkeit sprechen wollen, finden sie bei strafenden Eltern kein offenes Ohr. Denn Strafe muss sein.

Was bleibt Kindern in dieser Ohnmacht? Sie können zur Macht der Machtlosen greifen. Alle Eltern haben Schwachstellen, die Kinder rasch herausfinden. Kinder können sich hier verweigern, Wichtiges verbummeln oder mit Unschuldsmiene Dinge sagen, die Eltern ängstigen oder verletzen. Sie können sich in einer Weise verschließen, die Eltern wehtut. Jugendliche nutzen ihre Freiheiten bald so, dass sich in ihren Entscheidungen ein Stachel gegen die Eltern richtet. Das kann sich in einer provozierenden Frisur zeigen oder in einer demonstrativen Gleichgültigkeit, was den Schulerfolg angeht. Das quält Eltern.

Rache kann so süß sein. Auf diese Weise wächst eine neue Generation strafender Persönlichkeiten heran. Andere Kinder gehen einen anderen Weg und richten die ohnmächtige Wut nicht gegen die Eltern. Sie haben das Prinzip »Strafe muss sein« verinnerlicht und strafen jüngere Geschwister oder Klassenkameraden, die sich etwas zuschulden kommen lassen. Gestraft werden und strafen – auch das fühlt sich gerechter an, als wenn man selbst nur der Gestrafte ist. Kinder mit dieser Geschichte vertreten später nicht selten, dass ihnen die Strafe nicht geschadet habe. Auch wenn sie irgendwann selbst Kinder haben, stellen sie diesen Grundsatz nicht mehr infrage.

Manchmal finden sich in strafenden Familien schwere, traumatische Erfahrungen von Ungerechtigkeit. Ein Familienmitglied ist Opfer eines Verbrechens geworden, das ungesühnt blieb. Ein Familienmitglied musste unter ausbeuterischen Bedingungen arbeiten. Ein tyrannischer Großvater hat willkürlich über die Sippe geherrscht. Solche Ohnmachtserfahrungen können sich tief einprägen und als Familienerbe weitergegeben werden. Tragischerweise ist es dann ausgerechnet die Macht über die eigenen Kinder, durch die sich Eltern aus der eigenen Ohnmacht befreien. Natürlich ist das Eltern nicht bewusst. Doch auch wenn ihnen das nie bewusst wird, dürfen sich Kinder strafender Eltern befreien.

So unterschiedlich die Familiengeschichten sein können: Der wunde Punkt liegt in einem Gefühl der Ohnmacht. Ihn schützt der Bestrafungsstachel. Dieses Wissen lässt sich zur Vorbeugung nutzen.

Strafen vorbeugen

Strafende Eltern zu lieben, bedeutet vor allem, behutsam mit ihrer Ohnmacht umzugehen. Erwachsene Kinder tun das oft instinktiv: Sie sind vorsichtig und achten auf alles, was ein Elternteil ärgern oder enttäuschen könnte. In dieser angespannten und geduckten Haltung fühlt sich aber niemand wohl. Doch es gibt einen anderen Weg, wie Kinder ihren Eltern die Ohnmacht nehmen können.

Viele Ohnmachtserfahrungen kann man voraussehen. Erwachsene Kinder können Eltern dann auf kritische Situationen einstimmen. So könnte Mona ihrer überempfindlichen Mutter ankündigen: »Mama, ich kann gerade nicht gut über meine Zeit verfügen. Wenn mein Chef noch etwas will, muss ich länger bleiben. Deshalb werde ich nicht immer pünktlich sein. Das heißt dann nicht, dass du mir nicht wichtig bist oder dass ich keinen Respekt vor deinen Plänen habe. Es geht nur gerade nicht anders. Ist das denn in Ordnung für dich?« Je nachdem, wie das Gespräch weiter verläuft, könnte Mona fragen: »Wäre es dir denn lieber, wenn wir uns gleich später treffen, obwohl wir dann weniger Zeit miteinander haben? Oder soll ich in stressigen Zeiten lieber am Wochenende kommen, auch wenn wir uns dann vielleicht seltener sehen?« Nach einem solchen Gespräch wird Monas Mutter eine Verspätung kaum noch als willkürliche, schlechte Behandlung erleben. Die Ohnmacht bleibt aus und mit ihr die strafende Reaktion.

Maria in unserem anderen Beispiel kann schon voraussehen, dass ihr Vater empfindlich reagieren wird, wenn sie ihren Sohn nach eigenen Maßstäben erzieht. Noch ist ihr Baby süß und Erziehungsthemen spielen keine Rolle. Sie hat also viel Zeit, ihren Vater auf die künftige Ohnmacht einzustimmen:

- »Papa, stell dich schon mal drauf ein: Du wirst bestimmt geschockt sein, wie wir Noah erziehen. Jürgen kommt ja aus einer komplett anderen Familie. Das hat ihn auch interessant gemacht für mich. Deshalb werde ich manches in der Erziehung übernehmen, was ich in unserer Familie schön fand. In anderem werde ich aber auch ganz anders erziehen. Wie es dir damit wohl gehen wird? Es könnte für dich wie ein Verrat wirken an dem, was in unserer Familie wichtig ist. Oder so als wären mir deine Meinung und deine Erfahrungen nicht wichtig. Das stimmt aber nicht.«

Es wird vermutlich einige solcher Gespräche brauchen. Dann aber verankert sich beim Vater: »Ich möchte dich nicht schlecht behandeln mit dem, wie ich Noah erziehe. Was du erlebst, ist nur die unvermeidliche Ohnmacht aller Väter, die natürlich gerne ihre Werte weitergeben würden, aber auch damit leben müssen, dass ihre Kinder eigene Werte haben.« Nach dieser Vorbereitung ist es unwahrscheinlich, dass sich Marias Vater so bestrafend verhält wie früher.

Die beiden Beispiele zeigen: Wer den Strafen vorbeugen möchte, entwickelt ein Gespür für die unvermeidlichen Ohnmachtserfahrungen des Lebens. Nicht alles, was andere tun, berücksichtigt unsere Gefühle und Wünsche. Aber das muss man nicht persönlich nehmen. Wir sind eben nicht der Nabel der Welt. In vorbeugenden Gesprächen kann man das Eltern deutlich machen. Weil das Gefühl der Ohnmacht noch nicht aktiv ist, sind strafende Eltern dafür oft zugänglich. Wenn Eltern allerdings sich schon ohnmächtig fühlen, hebt man sich die Erklärung lieber für einen entspannten Moment auf.

Noch mehr Vorbeugung: dem Groll ein Ventil schenken

In Supermärkten findet sich manchmal ein Schild wie dieses: »Wenn Sie zufrieden sind, sagen Sie es weiter, wenn nicht, sagen Sie es unserem Marktleiter, Herrn Müller.« Der Marktleiter ist auf dem Schild abgebildet und lächelt entgegenkommend. Unzufriedene Kunden sind gefährlich. Sie strafen den Markt mit einem Wechsel zur Konkurrenz. Sie reden in ihrem Umfeld über ihre schlechten Erfahrungen oder hinterlassen vielleicht eine schlimme Bewertung im Internet. Unternehmen tun deshalb immer gut daran, ein Ventil für Unzufriedenheit zu schaffen, auch und gerade wenn Kunden besonders empfindlich sind.

Nun ahnen Sie sicher, worauf ich mit diesem Vergleich hinauswill. Vielleicht sehen Sie auch schon, dass ich Ihnen damit eine schwer verdauliche Kost vorsetze: Sie sind ein Leben lang bestraft worden und sollen nun auch noch ein Ventil für den Ärger eines Elternteils schaffen? Ja. Leider. Denn letztlich ist es angenehmer, einem Groll Luft zu verschaffen, als eine Strafe zu erleiden.

Wer strafenden Eltern ein Ventil anbieten möchte, muss eines bedenken: Wegen ihrer Ohnmacht fällt es strafenden Eltern schwer, offen über ihre Gefühle, Wünsche und Bedürfnisse zu sprechen. Sie rechnen nicht damit, dass sie auf diese Weise etwas bewirken können. Stattdessen bleiben sie in Deckung. Wer sich nach Ärger oder Enttäuschung erkundigen will, darf deshalb nicht direkt fragen. »Hat dich bei unserem Besuch etwas geärgert?« – Eine Frage wie diese würde ein ohnmächtiges Elternteil zu sehr aus der Deckung locken. Es wird die Frage verneinen. Genauso wenig sollte man das strafende Verhalten ansprechen und nach den Gründen fragen: »Mama, du hast heute so schnippisch reagiert. Hat dich denn irgendetwas gestört?« Die Mutter würde sich in die Enge getrieben fühlen.

Stattdessen kann man beiläufig fragen, wie es einem Elternteil ging.

So könnte sich Stefan nach einem Besuch bei seiner Mutter erkundigen: »Danke für den schönen Tag! Es ist ja auch immer herausfordernd, wenn wir alle auf einem Haufen sind. Lissi zum Beispiel ist so viel direkter und offener, als wir es in der Familie immer waren. Ich mag das. Aber ich könnte auch verstehen, wenn es dir nicht immer leichtfällt. War das denn heute okay für dich?« Nun gibt es zwei Möglichkeiten. Vielleicht ist die Mutter schon sauer und antwortet: »Ja, natürlich.« Aber in ihrer Stimme und ihrer Mimik drückt sich ein wütender Rückzug aus. Das ist dann in Ordnung, weil die Worte von Stefan die ohnmächtige Wut lindern. Ihr Gefühl, rücksichtslos behandelt zu werden, schwächt sich ab, denn Stefan hat sich ja nach ihren Gefühlen erkundigt und gewürdigt, dass es im Miteinander nicht immer ganz einfach ist. Vermutlich verraucht der Groll bis zur nächsten Begegnung. Möglicherweise öffnet sich das Wutventil und die Mutter wird einige Situationen aufzählen, in denen sie von Lissi enttäuscht war oder sich über sie geärgert hat. Nun sollte Stefan geistesgegenwärtig reagieren. Er darf die Reaktion der Mutter nicht persönlich nehmen oder etwa Lissi verteidigen. Er kann durch eine mitfühlende Körpersprache Verständnis zeigen oder auch weiter nach den Gefühlen der Mutter fragen. Wenn der Unmut abfließen kann und sich die Mutter etwas verstanden fühlt, ist schon fast alles erreicht. Die ohnmächtige Wut legt sich. Vielleicht hat Stefan auch eine Idee, wie er auf die Gefühle der Mutter Rücksicht nehmen kann, ohne dass man sich dafür unterwerfen oder verbiegen muss. Manchmal sind es kleine Dinge, die einen Unterschied machen, man muss es nur wissen. Zuhören und Verständnis bedeuten dabei nicht, dass man die Sicht der Mutter unterstützt. Deshalb könnte Stefan ein solches Gespräch mit dem Hinweis auf eine Tatsache des Lebens beenden:

- »Ja, danke, Mama, dass du so offen bist. Es ist wirklich herausfordernd für beide Seiten, für euch als Eltern, wenn jemand von außen in die Familie kommt, und natürlich auch für Lissi, die mit unserer Familie zurechtkommen muss. Lass uns im Gespräch bleiben, damit sich alle Seiten wohlfühlen können.«

In anderen Situationen können Fragen wie diese ein Ventil für den Groll öffnen:

- »Wahrscheinlich ist es manchmal hart für euch zu sehen, wofür wir unser Geld ausgeben, oder?« (Besonders, wenn sich Eltern auch finanziell in das Leben der erwachsenen Kinder investieren.)
- »In den letzten Monaten muss ich ziemlich viel Stress aushalten und es geht mir nicht immer gut. Das trifft euch auch, weil ich gerade wenig anrufe und vorbeikomme. Geht es euch denn noch gut damit?«
- »Mama, als es zwischen dir und deiner Schwester so schwierig geworden ist, hat mich das vor eine Wahl gestellt. Ich habe mich entschieden, dass ich weiter zu beiden Seiten eine gute Beziehung haben möchte. Das ist vielleicht nicht immer leicht für dich.«

Erwachsene Kinder werden dann oft überrascht: Ein wenig Verständnis und Mitgefühl reichen, um den Groll der Eltern zu besänftigen. Meist ist auch dann ein kleines Entgegenkommen möglich, das Rücksicht auf die Gefühle der Eltern nimmt, zum Beispiel eine nette Nachricht, wenn es in einer Woche für ein Telefonat nicht reicht.

Falls die Strategien dieses Kapitels nicht helfen sollten, haben Sie vielleicht doch keine strafenden Eltern, die aus einer Ohnmacht heraus handeln. Dann müssen Kinder noch mal einen Schritt zurücktreten und sich überlegen, was Eltern mit ihrem Verhalten bewirken wollen. Auch die beleidigten Reaktionen von grenzüberschreitenden Eltern könnten wie eine Strafe wirken. Aber ihnen geht es nicht um Gerechtigkeit, sondern darum, über ihre erwachsenen Kinder zu bestimmen. Ihre negative Reaktion ist keine Rache, sondern ein Kampfmittel, das Kinder zum Nachgeben bringen soll. Grenzüberschreitende Eltern brauchen daher kein Ventil, sie brauchen taktvolle Grenzen, die ihnen klarmachen: Keine beleidigte Reaktion wird mich dazu bringen, die Grenzen für euch zu verrücken. Bei strafenden Eltern dagegen merkt man, wie viel ein sensibler Umgang mit Ohnmachtssituationen bewirkt. Doch es gibt auch extreme Situationen, in denen Eltern in ihrer Ohnmacht gefangen sind.

Wenn Vorbeugung nicht reicht

Viele Kinder strafender Eltern können diesen Abschnitt überspringen. Sie sehen voraus, was bei den Eltern ein Gefühl von schlechter Behandlung auslösen könnte. Sie sprechen kritische Situationen an, bevor sie eintreten. Sie fragen nach, wie es den Eltern mit dieser oder jener Situation geht. So entdecken sie Unzufriedenheit, Enttäuschung oder Groll, bevor sich diese in gefährlicher Weise zusammenbrauen. Es ist nicht schön, so wachsam mit den Eltern umgehen zu müssen. Doch so kann man Eltern, die schnell in ein Gefühl der Ohnmacht geraten, Liebe zeigen. Es ist wie ein liebevoller Dienst an den Eltern, der mit einer besseren Beziehung belohnt wird. Dann bleiben erwachsene Kinder auch frei in ihren Entscheidungen. Statt sich an die Empfindlichkeiten ihrer Eltern anzupassen, sorgen sie dafür, dass Eltern besser verkraften können, was ihnen nicht gefällt.

Manche Eltern sind allerdings empfindlich gegenüber jeder Art von Ohnmacht. Dann geht es nicht allein um das, was erwachsene Kinder ihren Eltern manchmal zumuten. Fast alles wird für ein Elternteil zur Quelle ohnmächtiger Wut: Entscheidungen (oder Untätigkeit) von Politikern, das Verhalten von Vorgesetzten, die Meinungsmacht von Journalisten oder Experten, der Einfluss von Lobbygruppen. Auch wie Supermarktregale eingeräumt werden, ob eine Straße verkehrsberuhigt wird oder nicht, welche Mode angeboten wird – all das haben Menschen entschieden, ohne ihre Eltern zu fragen. Im Extremfall reagieren Eltern auf das alles mit ohnmächtiger Wut und die kann sich auch in der nächsten Begegnung mit den Kindern entladen. Es fühlt sich dann so an, als hätten Eltern nur einen kleinen Anlass gesucht, um eine Wut loszuwerden, für die sie woanders kein Ventil gefunden haben. Hier dürfen Kinder bestrafendem Verhalten Grenzen setzen. Das können sie mit Worten wie diesen tun:

- »Papa, normalerweise seid ihr uns gegenüber offen und nett. Ihr bleibt gut in Kontakt mit uns. Wenn dann zwei oder drei Wochen von dir gar nichts kommt, glaube ich nicht, dass das Zufall ist, egal was du sagst. Ich fühle mich dann bestraft, so als ob du mir die kalte Schulter zeigst, weil dir irgendetwas nicht gefallen hat.«

Vermutlich wird der Vater nicht zugeben, dass die kalte Schulter eine Bestrafung ist. Trotzdem hat die Tochter sein Verhalten aus der Heimlichkeit herausgeholt. Es wird beim nächsten Mal zumindest schwerer für den Vater, mit Liebesentzug zu reagieren.

Anderes bestrafendes Verhalten könnte man so ans Licht bringen:

- »Mama, vorhin habe ich mich beschwert, weil ich mich in einer Situation nicht wohlgefühlt habe. Damit wollte ich dich nicht kränken. Ich wollte mich nur auch wieder wohlfühlen. Gleich danach hast du eine Bemerkung über mein Gewicht gemacht, die mich sehr verletzt. Das kommt mir wie eine Rache vor. Vielleicht ist dir das gar nicht bewusst, vielleicht bist du einfach wütend auf mich. Wenn du nach einem Konflikt etwas so Verletzendes sagst, dann wird mir das immer wie eine Rache vorkommen. Ich kann das gar nicht anders verstehen, egal ob dir das auffällt oder nicht. Ich möchte nur, dass du das weißt.«
- »Papa, ich schätze es sehr, dass ihr uns so großzügige Geschenke macht. Das freut und unterstützt mich sehr. Manchmal habe ich aber den Eindruck, dass das davon abhängig ist, wie gut wir uns gerade verstehen. Wenn wir eine harmonische Phase haben, bist du sehr großzügig. Wenn wir einmal Spannungen haben, kommt lange nichts. Das wirkt dann so auf mich: Manchmal bin ich der liebe Sohn, der Großzügigkeit verdient, manchmal der böse, dem man keine Geschenke macht. Das ist ein komisches Gefühl, verstehst du das?«

Verstehen werden das vermutlich weder die Mutter noch der Vater in den Beispielen. Doch darauf kommt es nicht an. Der Akt der Bestrafung ist nun öffentlich, beide wissen bei der nächsten Situation, dass es als Strafe verstanden wird. Manchmal unterdrücken Eltern deshalb die Strafe und finden reifere Wege, mit einer Unzufriedenheit umzugehen.

Unfaires und verletzendes Verhalten benennen

Ob Eltern sich ihres strafenden Verhaltens bewusst werden oder nicht: Strafe greift zu Mitteln, die in unserer Gesellschaft als unfair gelten. Schlechtes Reden, verletzende Bemerkungen, langer Rückzug, ein willkürliches Entziehen von Hilfe oder die Bevorzugung von Geschwistern verletzen zwischenmenschliche Spielregeln, die allgemein akzeptiert sind. Deshalb kann man unfaires und verletzendes Verhalten auch einfach benennen und dadurch eine Grenze aufrichten, zum Beispiel so:

- »Es verletzt mich, wenn du Sabine als leuchtendes Vorbild hinstellst und ich dann so schlecht dastehe. Ich finde, das habe ich nicht verdient. Und falls du einmal tatsächlich so denkst, muss ich das nicht hören.«
- »Mama, in den letzten Wochen warst du sehr knapp am Telefon. Du hast auf meine Nachrichten nicht reagiert und dich nicht von dir aus gemeldet. Das trifft mich. Wenn wir eine distanzierte Beziehung zueinander hätten, dann wäre das eben so. Aber so gehen wir ja normalerweise nicht miteinander um. Deshalb würde ich mir wünschen, dass du auch dann ein wenig Kontakt zu mir hältst, wenn dir gerade nicht danach ist.«

Die Kinder in diesen Beispielen sprechen also gar nicht an, dass ihre Eltern sie durch ihr Verhalten bestrafen. Sie sprechen nur an, was nicht fair ist. Hier kann man strafende Eltern oft an einer eigenen Motivation packen. Denn wer für Ungerechtigkeit empfindsam ist, dem ist Gerechtigkeit wichtig. Deshalb hat es ganz gute Chancen, wenn erwachsene Kinder unfaires und verletzendes Verhalten benennen. Dann halten sich Eltern beim nächsten Mal zurück, obwohl sie etwas enttäuscht oder geärgert hat.

Wenn Kinder unfaires Verhalten ansprechen, fühlen sie sich diesem weniger ausgeliefert. Weil sie sich inzwischen schützen können, ertragen sie einen Rest an strafenden Reaktionen leichter. Das führt zu einer Frage, die sich Kinder bestrafender Eltern früher oder später stellen.

Wie viel Bestrafung will ich ertragen?

Ein wenig Strafe lässt sich tragen, wenn man sie nicht persönlich nimmt. Dann lässt man böse Worte einfach stehen. Man sieht sie als Zeichen, dass ein Elternteil mit einer Unzufriedenheit oder einem Ärger nicht besser umgehen konnte. Nach einem Liebesentzug kommt auch wieder eine Phase von Zuwendung. Eine Unterstützung wird beleidigt entzogen, irgendwann kehrt sie zurück. Erwachsene Kinder nehmen das wie das Wetter. Mal bezaubert ein Sonnentag, mal bläst einem der kalte Wind entgegen. Damit kann man leben. Man kleidet sich entsprechend. Man verschiebt das geplante Picknick, wenn ein Gewitter heraufzieht.

Doch wer als Kind sinnlos und ungerecht gestraft wurde, sollte wissen, wie viel Bestrafung er heute verträgt. Denn sonst spielt die eigene Gefühlswelt nicht mehr mit. Die persönliche Toleranzgrenze lässt sich leicht an folgenden Fragen ablesen: Beschäftigt mich die Strafe nach einer Begegnung noch oder kann ich eine unangenehme Situation gut loslassen? Wie sehe ich der nächsten Begegnung entgegen? Fühle ich mich sicher? Oder gehe ich mit einer Angst oder Anspannung in das nächste Gespräch oder den nächsten Besuch?

Wo die persönliche Toleranzgrenze erreicht ist und wo weder Vorbeugung noch offene Worte etwas bewirken, sollten Kinder ihren Eltern die Möglichkeit zum Strafen aus der Hand nehmen. Erwachsene Kinder können mehr Abstand herstellen und zum Beispiel Besuche verringern. Auf diese Weise geben sie einem strafenden Elternteil weniger Gelegenheit für verletzende Bemerkungen. Sie schaffen einen Anreiz, sich so fair zu verhalten, dass wieder mehr Beziehung möglich ist. Wenn Eltern Geld, Geschenke, Aufmerksamkeit und Unterstützung als Strafe einsetzen, kann man ihnen auch diese Macht aus der Hand nehmen. Dazu muss man allerdings darauf verzichten. Das ist traurig. Doch die Freiheit und das Wohlbefinden, das Kinder durch den Verzicht gewinnen, ist in vielen Fällen mehr wert. Kinder können vertrauen, dass sie in anderen Beziehungen finden, was sie bei den Eltern aufgegeben haben. Außerdem setzt die Unabhängigkeit von den Eltern viele positive Kräfte frei, die sich mit der Zeit auch auf die finanzielle Situation von Kindern auswirken. Oft ist dieser Verzicht nicht einmal nötig. Es genügt die Entschlossenheit zu verzichten. Eltern spüren dann, dass Geschenke und Unterstützung nicht mehr als Mittel zur Strafe taugen. Diese Veränderung kann man strafenden Eltern taktvoll mitteilen.

Eltern vor die Wahl stellen

Erwachsene Kinder entscheiden sich manchmal, bestimmte Strafen nicht mehr zu akzeptieren. Dann können sie ihre Eltern vor eine Wahl stellen: Diese können das Strafen lassen oder sie werden mit Veränderungen konfrontiert, die Bestrafungen verhindern. Das erleichtert das Gewissen erwachsener Kinder. Denn sie entscheiden nicht einfach allein über die Beziehung zu den Eltern, sondern lassen ihnen die Wahl.

Dadurch halten sie die Tür zu einer besseren Zukunft offen. Denn Eltern können sich später auch anders entscheiden. Betroffene Kinder sind das zum Beispiel schon so angegangen:

- »Mama, wenn wir länger zu Besuch sind, machst du immer wieder Bemerkungen, die für mich unglaublich verletzend sind. Zum Beispiel sagst du Dinge über unsere Kinder, die mir wehtun. Ich vermute, dass du dir einfach Luft verschaffst, weil dich etwas gestört hat. Aber wie auch immer, ich möchte das nicht mehr ertragen. Wenn du solche verletzenden Bemerkungen nicht lässt, dann komme ich erst mal nicht mehr zu Besuch. Wir können uns dann zum Beispiel auf dem Spielplatz treffen. Das reicht mir dann.«
- »Papa, ich werde das Gefühl nicht los, dass du mir großzügige Geschenke machst, wenn wir uns gut verstehen, und nichts schenkst, wenn dich etwas stört. Wenn du mir etwas schenken willst, wäre es mir lieber, wenn es gleichmäßig kommt, ansonsten würde ich auf Geschenke lieber verzichten. Es wäre nicht gesund, wenn ich mich als Erwachsener belohnen und bestrafen lasse. Das tut auch unserer Beziehung nicht gut.«

Es ist unglaublich befreiend, die Macht einer bestrafenden Beziehung zu brechen. Bei Betroffenen, die ich begleite, führt das zu vielen positiven Entwicklungen. Sie erleben mehr Selbstachtung und können sich von Selbstbestrafungstendenzen befreien. Sie üben mehr positive Autorität in Beziehungen aus und lassen die dumpfe Angst hinter sich, auch andere könnten sie bestrafen. Sie erleben sich selbst als großzügiger und gehen bewusster mit Situationen um, in denen sie selbst einmal Ohnmacht empfinden.

Wo Kinder die Bestrafung durch Abstand und Unabhängigkeit stoppen, trauern sie vielleicht eine Zeit lang. Sie verlieren ja Nähe und Unterstützung. Auch für erwachsene Kinder ist das traurig. Doch jede Trauer kommt irgendwann zu einem Ende. Dann hat sich die Beziehungsfähigkeit vertieft und auch die Empfänglichkeit für Glück.

Oft ist den Eltern die Beziehung zu ihren Kindern doch wichtiger, als am Bestrafen festzuhalten. Dann entstehen mehr Nähe und Vertrauen, als in der Beziehung zu den Eltern je möglich war. Ein kleiner Rest an strafenden Reaktionen ist dann gut auszuhalten. Das wird noch leichter, wenn Kinder die befreiende Kraft der Vergebung entdecken.

Eine Spiritualität der Vergebung

Kränkungen, Missverständnisse, Enttäuschungen oder auch ein bedauerlicher Fehler, der auf Kosten des anderen geht – all das geschieht leider in jeder Beziehung. Strafende Eltern können mit dieser Tatsache des Lebens nicht gut umgehen. Kinder wollen nicht in eine Spirale gegenseitiger Bestrafungen eintreten. Sie brauchen daher ein Mittel, mit dem sie das, was sie zu Unrecht von den Eltern erleiden, wirksam entsorgen können. Eine Möglichkeit liegt in der Vergebung, die inzwischen auch von der Psychologie entdeckt worden ist. Ein Missverständnis hält jedoch vom Vergeben ab. Denn viele erwachsene Kinder glauben: Wer vergibt, muss sich dem anderen wieder öffnen und damit auch dessen Schwächen ausliefern. Dieses Missverständnis lässt sich aber leicht ausräumen. Das können wir auch an der Vergebungslehre von Jesus studieren.

Einige Gleichnisse von Jesus drehen sich um das Thema Vergebung. Zwei davon haben eine besondere Wirkungsgeschichte entfaltet. In dem einen Gleichnis geht es um den »verlorenen Sohn«. Der beerbt seinen Vater vorzeitig – ein Skandal. Er vergeudet sein Erbe, kehrt in einer Notlage heim und tritt seinem Vater mit einem Schuldeingeständnis gegenüber: »Ich habe mich gegen den Himmel und gegen dich versündigt« (Lukas 15,21). Der Vater stellt die verlorene Ehre seines Sohnes wieder her und ruft ein rauschendes Fest aus. Mit diesem Gleichnis mutet Jesus seinen Hörern einiges zu. Doch eine Zumutung liegt nicht in der Gleichnisgeschichte: Es ist kein uneinsichtiger Sohn, den der Vater mit offenen Armen empfängt. Er hat durch seine Erfahrung gelernt und wirkt nicht mehr wie einer, der sich wieder gleichgültig von seiner Familie abwenden wird.

Das Gleiche sehen wir auch in einer zweiten Gleichnisgeschichte. Mit ihr antwortet Jesus auf die Frage seines Schülers Petrus, wie oft man vergeben müsse. »7 × 70-mal«, antwortet Jesus und sagt damit anschaulich: immer. Dann stellt er die Pflicht zum Vergeben allerdings in einen größeren Rahmen. Er erzählt wieder eine Gleichnisgeschichte: Ein Gutsbesitzer erlässt einem Knecht Schulden, die so hoch sind, dass er sie kaum zurückzahlen kann. Den Knecht lässt das jedoch unberührt. Denn einem andern, der ihm eine kleine Summe schuldet, erlässt er diese nicht. Im Gegenteil, er sorgt dafür, dass sein Schuldner ins Gefängnis kommt. Als der Gutsherr davon erfährt, hebt er den Schuldenerlass auf und fordert die Schuld des Knechtes mit gleicher Härte zurück (Matthäus 18,23ff.).

Petrus entdeckt in der Geschichte den Grund zum unermüdlichen Vergeben: Wer aus Gottes Vergebung lebt, muss ebenfalls vergeben. Doch wir können in der Geschichte auch hören, was das Vergeben realistisch macht: Bedingungslos gibt es den Schuldenerlass nicht. Wer Gottes Großzügigkeit erfährt und sich anderen gegenüber trotzdem verhärtet, kann sich der Vergebung Gottes nicht mehr sicher sein. Auch hier hören Glaubende auf eine Vergebungslehre, die Vergebung keineswegs so billig macht, dass sie sich ausnutzen ließe.

Jesus selbst vergibt zwar auch Uneinsichtigen. Zum Beispiel bittet er für die, die ihn ans Kreuz bringen: »Vater vergib ihnen, denn sie wissen nicht, was sie tun« (Lukas 23,34). Doch diese Vergebung ist distanzierter. Es entsteht keine Nähe. Versöhnungsszenen gibt es nicht. Dem Mann, der ihn beim Verhör schlägt, hält Jesus entgegen: »Was schlägst du mich?« (Johannes 18,23). Auch dieser Mann ist in die Vergebung eingeschlossen. Doch er kann sein Unrecht nicht einsehen und das schafft eine Distanz zu Jesus.

Mit seinem Vorbild und seiner Lehre führt Jesus Glaubende zu einem realistischen, mündigen Vergeben. Es zielt auf Versöhnung ab. Wer seine Schuld anerkennt und um Vergebung bittet, dem steht die Tür zu einem Neubeginn offen. Eine solche Vergebungsbereitschaft schafft auch in Kindern strafender Eltern ein versöhntes Herz. Die Kraft dafür schöpfen Glaubende aus der Großzügigkeit Gottes in ihrem Leben. Doch gegenüber uneinsichtigen Eltern, die »nicht wissen, was sie tun«, hat Vergebung einen anderen Charakter. Glaubende lassen ihr Recht auf Vergeltung los, weil die Rache sie und die Beziehung vergiften würde. Sie überlassen es Gott, Gerechtigkeit zu schaffen, und bitten ihn sogar um unverdiente Vergebung. Dass Kinder ihren strafenden Eltern tatsächlich etwas zu verzeihen haben, wird in den Beispielgeschichten dieses Kapitels deutlich. Durch Vergebung lösen Kinder eine ungute Bindung an die Eltern. Denn Schuld kettet Täter und Opfer aneinander. Diese Bindung kann stark und zerstörerisch sein.

Zugleich muss die Vergebung gegenüber uneinsichtigen Eltern distanzierter sein. Sie vollzieht sich nicht in der Beziehung, sondern allein im Herzen eines erwachsenen Kindes. Trotzdem wirkt sich das auf die Beziehung aus. Kinder müssen nicht mehr um Gerechtigkeit oder für eine Wiedergutmachung kämpfen. Sie können den Abstand einnehmen, den es braucht, um sich vor allzu unangenehmen Strafen zu schützen. Kleinere strafende Verhaltensweisen können sie ertragen und immer wieder neu vergeben. Das wird auch deshalb möglich, weil sie den Eltern die Strafen der Vergangenheit vergeben haben. Dadurch wird eine schöne Beziehung möglich in dem Maß, wie es der nötige Sicherheitsabstand zulässt.

Eine so verstandene Vergebung hat eine Vielzahl an positiven Auswirkungen. Erwachsene Kinder werden frei, sich vor den Schwächen ihrer Eltern zu schützen und eine angemessene Nähe zu wählen. Manche vergeben in dieser Sicherheit zum ersten Mal und fühlen sich befreit. Andere haben schon oft versucht zu vergeben, aber das Gefühlsleben hat nicht mitgespielt. Kein Wunder, denn auf der emotionalen Ebene funktioniert das Vergeben nicht, solange man sich der Schwäche eines anderen immer neu ausliefert.

Erwachsene Kinder, die vergeben können, werden zu einem Vorbild für die Eltern. Denn sie leben genau das vor, was strafende Eltern nicht gut können: die Ungerechtigkeiten und Kränkungen verzeihen, die sich in keiner Beziehung ganz vermeiden lassen. Oft färbt die vergebende Großzügigkeit auf die Eltern ab. Dann gebrauchen sie ihren Bestrafungsstachel seltener.

Eine versöhnte Beziehung leben

Erwachsene Kinder dürfen sich vor Strafen in Sicherheit bringen. Was in der Kindheit nicht möglich war, ist heute umso wichtiger. Kinder lernen dabei, wie sie vorbeugen und den Eltern Ohnmacht ersparen: Sie kündigen an, erklären und stellen Dinge rechtzeitig in den richtigen Zusammenhang. Sie fragen nach, wie es Eltern mit bestimmten Situationen geht, und gehen – soweit es möglich ist – darauf ein. Wo Eltern dennoch strafen, setzen erwachsene Kinder Grenzen. Sie führen einen Sicherheitsabstand ein. Sie machen sich von Zuwendung und Unterstützung unabhängig, wenn Eltern deren Entzug als Strafe einsetzen. Sie erklären den Eltern, warum deren Verhalten möglicherweise Abstand und Unabhängigkeit nötig macht. Damit halten Sie die Tür zu einer besseren Zukunft offen.

Durch all das werden Eltern herausgefordert, mit der unvermeidlichen Ohnmacht im Leben besser umzugehen – auf eine reife Weise, die eine schönere Beziehung möglich macht. Kinder, die durch die Strafen selbst viel Ohnmacht erlebt haben, finden so zu einer Gestaltungsmacht zurück. Das hilft ihnen, einen Rest an bestrafendem Verhalten nicht persönlich zu nehmen. Sie sehen spitze Bemerkungen, beleidigten Rückzug und anderes als Schwäche der Eltern, die ihnen heute nicht mehr viel anhaben kann. Erwachsene Kinder üben sich dabei im Vergeben, was einerseits eine gute Charakterschule ist, andererseits auf Eltern abfärbt, die das noch nicht gut können.

Wenn Eltern vermeiden

Wenn ein Kind zur Welt kommt, spüren Eltern: »Dieses kleine Wesen ist völlig von uns abhängig. Ob es sicher ist oder in Gefahr, ob es gut versorgt ist oder vernachlässigt, das liegt ganz an uns.« Deshalb geben Eltern alles, um für die Sicherheit und das Glück ihres Kindes zu sorgen. Wenn nötig, lassen sie sich das viel kosten. Doch was passiert, wenn Eltern von Angst bestimmt werden und deshalb zuerst an sich denken statt an ihr Kind? Dann geschieht das Undenkbare: Eltern lassen ihr schutzbedürftiges Kind im Stich. Sie distanzieren sich, wo ihr Kind Zuwendung bräuchte. Sie schauen weg, wenn es ihrem Kind nicht gut geht. Erst wenn sie sich selbst nicht mehr unsicher fühlen, wenden sie sich wieder ihrem Kind zu. So opfern sie das Wohl ihres Kindes für die eigene Sicherheit; und das immer wieder, eine ganze Kindheit lang. Dieses Verhalten setzt sich auch bei erwachsenen Kindern fort. Es ist dann nicht mehr so schlimm, weil die Sicherheit und das Glück von erwachsenen Kindern nicht mehr an den Eltern hängen. Trotzdem schmerzt und enttäuscht es, wie die Punkte der folgenden Checkliste zeigen.

Checkliste »Wenn Eltern vermeiden«

- Sind Ihre Eltern ängstlich? Und sind sie nicht bereit, für Sie auch einmal eine Angst zu überwinden, um das zu tun, was die meisten Eltern für ihre erwachsenen Kinder tun?
- Tun Ihre Eltern häufig so, als gäbe es ein Problem gar nicht, unter dem Sie leiden?
- Stecken Ihre Eltern Sie manchmal mit Ängsten und Sorge an?
- Gibt es Gesprächsthemen, die tabu sind, weil diese Ihren Eltern unangenehm sind?
- Können Sie sich auf Zusagen oder Absprachen nicht verlassen – weil die nicht mehr gelten, sobald ein Umstand hinzukommt, der für Ihre Eltern unbequem oder bedrohlich ist?
- Legen Ihre Eltern mehr Wert auf Harmonie als auf Ihr Wohlbefinden?
- Würde Ihren Eltern eine oberflächliche Beziehung zu Ihnen reichen, solange alles normal bleibt und keine Spannungen da sind?

- Verhalten sich Ihre Eltern Ihnen gegenüber geizig, weil ihnen finanzielle Sicherheit übertrieben wichtig ist?

Auch Unterlassungen von Eltern schmerzen. Denn einerseits müssen erwachsene Kinder auf manches verzichten, was man normalerweise von seinen Eltern erwarten darf. Außerdem enttäuscht die Botschaft, die das Vermeidungsverhalten der Eltern vermittelt: »Unsere Sicherheit ist uns wichtiger als du.« Wie Angst die Beziehung bestimmen kann, zeigen die folgenden Fallbeispiele.

Wenn Angst die Beziehung bestimmt

- *Im Stich lassen.* Hat Lauras Mutter nie gemerkt, dass es ihre Töchter schwer miteinander hatten? Laura zeigte ihre Gefühle und suchte Nähe. Ihre Schwester Nele dagegen zog sich zurück. Vieles, was in ihr vorging, behielt sie für sich. Darin lag eine Spannung, die sich in Konflikten entlud. Laura bedrängte ihre Schwester und mutete ihr mehr Wut zu, als diese vertragen konnte. Nele dagegen grenzte sich ab. Sie blieb Laura dann sogar ein Hallo und ein paar nette Worte schuldig. Laura fragt sich heute: Wo waren meine Eltern in alledem? Hätten sie Nele nicht schützen müssen, wenn sie durch Lauras starke Gefühle unter Druck geraten war? Und hätten sie Nele nicht korrigieren sollen, wenn sie sich allzu verletzend distanziert hatte? Stattdessen hat Laura nur Beschwichtigungen gehört: »Das meint sie nicht böse« oder: »Spiel doch mal allein, das ist doch auch schön«. Auch heute nehmen es die Eltern nicht ernst, dass es den Schwestern nicht gut miteinander geht. Sie erwarten wohl, dass die beiden ihre Probleme genauso verdrängen wie sie selbst.

- *Aus Angst einengen.* Warum kann Franks Mutter ihn immer noch mit ihren Sorgen anstecken? Frank hat eine geborgene Kindheit erlebt und sich gut mit seinen Eltern verstanden. Aber die Angst seiner Mutter hat vieles bestimmt. Schon im Herbst hat sie Frank in Schal und Mütze gezwungen. Er musste vor dem Spielen seine Hausaufgaben machen, auch bei schönem Wetter, wenn die andern auf den Fußballplatz oder ins Freibad gestürmt sind. So als ob jede

Ausnahme die Welt ins Chaos gestürzt hätte. Frank hat das wohl nicht geschadet, den gelegentlichen Spott der anderen hat er mit Humor genommen. Schlimm ist nur, dass die Mutter ihn mit ihren Ängsten angesteckt hat. Bis heute. Sie spricht ängstlich über einen Nachbarn, der an einem Herzinfarkt gestorben ist, und schon spürt Frank ein Ziehen in seiner Brust. Frank wird sogar nach einem Besuch ängstlich im Umgang mit seinen Kindern. »Irgendwie tut dir deine Mutter nicht gut«, hat seine Frau neulich gesagt.

- *Wegschauen.* Anja war das Sorgenkind, das schwarze Schaf in der Familie. Bei ihren Geschwistern dagegen lief alles glatt: die Schule, die Freundschaften und später die Partnerschaften. Bei Anja dagegen lief nichts glatt. Sie hatte Ängste als Kind und wollte lange nicht allein schlafen. Mit drei Jahren sprach sie nicht mehr, nachdem ihre Mutter für ein paar Wochen im Krankenhaus war. Erst Wochen später fand sie wieder zu Worten zurück. In der Schule setzte sich Anja unter Druck. Als Jugendliche hatte sie furchtbare Gefühlskrisen. Heute denkt sich Anja: Meine Eltern haben meine Probleme ignoriert. Warum haben sie sich keine Hilfe gesucht? Warum mir nicht? Sie haben mich allein gelassen und mir nur gesagt, ich soll es doch auch so machen wie meine Geschwister. Anja ist mit vielen Nachteilen ins Leben gestartet. Auch heute fühlt sich ihr Leben eher wie ein Überleben an. Doch ihre Eltern verschließen die Augen vor Anjas Not, obwohl die genug Zeit und Geld hätten, um sie zu unterstützen. Oder erwartet Anja zu viel?

- *Ausweichen.* Einfach war Mario wohl nicht zu erziehen. Er war wild, schmerzfrei und hat sich nicht gerne etwas sagen lassen. Seine Eltern haben eine Lösung dafür gefunden: Sie haben die Erziehung einfach aufgegeben. Mario durfte tun und lassen, was er wollte. Die Grenzen kamen dann erst in der Schule, doch auch da hat sich manches wiederholt: Die Lehrer haben sich so viel bieten lassen, dass es Mario manchmal selbst nicht glauben konnte. Doch sie haben sich gerächt. Einen dummen Vorfall haben sie zum Vorwand genommen, ihn von der Schule zu werfen. Mit 16 Jahren hat Mario die Kurve bekommen und sich selbst Grenzen gesetzt, aber das war unendlich mühsam. Er ist nicht auf die schiefe Bahn geraten, sondern hat etwas aus seinem Leben gemacht. Doch er kämpft bis heute mit mangelnder Selbstdisziplin und erwischt sich manchmal beim Lügen und Betrügen. Seiner Ehe tut das nicht gut. Mario sehnt sich noch heute danach, dass seine Eltern ihm einmal Grenzen setzen. Weil sie das nicht tun, provoziert er sie mit Unverschämtheiten, zumindest in emotionalen Momenten, in denen er sich nicht im Griff hat.

Wir sehen in diesen Lebensgeschichten: Vermeidende Eltern sind liebe Menschen. Erwachsene Kinder haben meist ein gutes Verhältnis zu ihnen. Es könnte so schön mit ihnen sein, würden die Eltern sie nicht immer wieder so schrecklich im Stich lassen. Etwas ist den Eltern wichtiger als alles andere, auch als das Wohl ihrer Kinder: ihre Sicherheit. Deshalb schauen sie weg, verdrängen, gehen Konflikten aus dem Weg und vermeiden, was ihnen Angst macht. Den angstbestimmten Eltern ist das meist nicht bewusst. Aber selbst wenn es ihnen bewusst wird, kommen sie nicht gegen die Angst an. »Du hast recht, ich müsste ja ...« – »Ich wollte, ich könnte anders ...« Vermeidende Eltern formulieren die Selbsterkenntnis sicherheitshalber im Konjunktiv. Ihre Kinder hören dann, wie ihre Eltern der Angst ein Hintertürchen lassen. Kinder ersehnen, dass sich die Eltern ihrer Angst stellen und tun, was Elternliebe nahelegt. Doch sie glauben kaum noch daran. Warum sind ihre Eltern derart von Angst bestimmt?

Ein Familienerbe der Angst

Was vermeidende Eltern erlebt haben, kann einen wirklich das Fürchten lehren. In der älteren Generation waren es oft Kriegstraumata. In der darauffolgenden Generation gaben kriegstraumatisierte Eltern ihre Erfahrungen weiter: schreckliche Geschichten, die Kinder oft zu früh hörten; ein Verstummen oder Ausrasten, wenn an ein bestimmtes Thema gerührt wird; ein Misstrauen gegenüber Autoritäten und allem, was fremd ist; ängstliche Reaktionen auf die kleinen Risiken der Kindheit: klettern, die Umgebung erkunden, Umgang mit Freunden, die nicht aus bürgerlichen Familien kommen. Zudem wurden Nachkriegskinder oft geschlagen und zu früh allein gelassen – auch das weckt Angst. Solche Erfahrungen kann man unterschiedlich verarbeiten. Für einige

Eltern wird die Angst jedoch zur bestimmenden Größe in ihrer Persönlichkeit.

Natürlich gibt es neben den Kriegstraumata noch andere Lebenserfahrungen, die Angst in eine Familie einziehen lassen: körperliche oder psychische Krankheiten, Arbeitslosigkeit, Alkoholprobleme oder Wutausbrüche eines Elternteils. So kann Angst auf unterschiedlichen Wegen zum Familienerbe werden. Meist gibt es irgendwann eine Generation, die nicht mehr bedroht wird. Sie könnte sich sicher fühlen. Doch so schnell legt sich die Angst nicht. Sie ist noch präsent in den Sorgen der Familie, in einer Wachsamkeit und in Vorstellungen, was alles passieren könnte. Menschen mit diesem Erbe suchen vor allem Sicherheit. Sie merken oft nicht, dass sie dabei über das Ziel hinausschießen und andere beunruhigen oder im Stich lassen.

Viele Kinder vermeidender Eltern haben auch selbst Angst verinnerlicht. Sie werden gelassener, wenn sie sich zunächst der eigenen Angst stellen.

Von den verinnerlichten Eltern frei werden

Angst steckt an. Viele Kinder vermeidender Eltern entdecken irgendwann, dass andere Menschen sorgloser sind als sie. Andere bleiben auch zuversichtlicher, wenn einmal etwas Unangenehmes geschieht. Dann offenbart sich: Es ist auch die eigene Angst, die den Sorgen der Eltern eine emotionale Macht gibt. Dass sie von den Eltern im Stich gelassen werden, trifft Kinder dann nicht nur, weil das eine traurige Beziehungserfahrung ist, sondern weil es sie beunruhigt, ohne den Rückhalt der Eltern dazustehen. Deshalb lohnt es sich, zunächst einen Umweg über das eigene Herz zu machen. Kinder vermeidender Eltern richten den Blick nach innen und fragen sich:

- Beunruhigt mich auch, was meine Eltern befürchten?
- Macht mir die Vorstellung Angst, (einmal) ohne den Rückhalt der Eltern dazustehen?
- Werde ich unsicher in meinem Urteil, wenn meine Eltern etwas kleinreden und für nicht vorhanden erklären?
- Habe ich ein mulmiges Gefühl, wenn ich eigene Entscheidungen treffe, so als ob das zu einem Unglück oder einer Strafe führen könnte?

- Wenn ich einer Herausforderung des Lebens gegenüberstehe, fühle ich mich dann schneller unsicher oder überfordert, als andere das tun?

Je mehr dieser Fragen erwachsene Kinder bejahen, desto stärker hat sie die Angst der Eltern geprägt. Solchen Kindern hilft es, wenn man sie auf einen Weg der Zuversicht aufmerksam macht. Dabei müssen sie die eigene Unsicherheit nicht bekämpfen. Es reicht, wenn man ihr eine Zuversicht an die Seite stellt: »Es wird schon gut gehen. In allen Risiken des Lebens bin ich nicht allein. Ich bin stärker, als ich denke, und werde auch mit Rückschlägen und Leid fertig, falls das irgendwann einmal nötig wird.« Unsere Gefühle werden vor allem von dem bestimmt, worauf wir unseren Blick richten. Natürlich gibt es Risiken und die dürfen auch ein Gefühl der Unsicherheit wecken. Doch wenn wir unseren Blick auf die Chancen richten, auf positive Erfahrungen und auf das, was uns stärkt, dann überwiegt das Gefühl der Zuversicht. Diesen Blickwechsel kann man einüben: kurz auf das schauen, was passieren könnte, um sich gegebenenfalls vor Gefahren schützen zu können, dann aber den Blick auf das gerichtet halten, was Mut macht, was erfreut und was man gerne erreichen würde.

Manchmal hilft es, sich an Menschen zu orientieren, die nicht von ängstlichen Eltern geprägt wurden. Sie haben ein größeres Vertrauen in sich, in andere Menschen und in das Leben. So wie Angst ansteckt, kann man sich auch von Vertrauen infizieren lassen. Schon eine Stunde in der Gegenwart eines zuversichtlichen Menschen lässt manche Ängste verfliegen.

Frank aus unserem Beispiel oben hat die Entscheidung getroffen, sich nicht mehr von seinen Ängsten bestimmen zu lassen. Er prüft, was er wirklich will. Dann handelt er, ob Ängste kommen oder nicht. Oft verfliegen die anfänglichen Sorgen schneller, als es Frank erwartet hätte. Das tut seiner Ehe gut. Seither stört es ihn auch weniger, wenn seine Mutter von ihren Sorgen erzählt. Die Ängste der Mutter haben die Macht über ihn verloren. Nur wenn etwas Beunruhigendes passiert, vermeidet Frank Gespräche mit seiner Mutter, zum Beispiel als einmal abgeklärt wurde, ob sich aus einem Muttermal ein Hautkrebs entwickelt hat. Erst nach der Entwarnung rief er seine Mutter wieder an.

Kinder, die mit dem Blick in das eigene Herz beginnen, gewinnen gleich drei Dinge. Sie setzen dort an, wo sie am leichtesten etwas ändern können: bei sich selbst. Ein wachsendes Vertrauen in sich selbst, in das Leben und in verlässliche Menschen schafft eine emotionale Grundlage, durch die man besser verkraften kann, wenn einen die Eltern einmal im Stich lassen. Wer sich selbst sicher fühlt, kann Eltern gelassener mit ihrem Vermeidungsverhalten konfrontieren, wie wir später noch sehen werden.

Schließlich kann man die Angst der Eltern einfühlsamer betrachten, wenn man auch die eigenen Ängste kennt.

Die Angst als Handicap sehen

Vermeidung ist keinem von uns fremd: Wir hätten einer Freundin gern ein ehrliches Wort gesagt, haben auf den richtigen Moment gewartet und es dann doch gelassen. Wir wollten einem unverschämten Kollegen die Stirn bieten und haben dann doch aus Angst geschwiegen. Wir wollten dem Obdachlosen vor dem Supermarkt eine Mahlzeit kaufen und haben uns dann doch abgewandt, einfach weil uns die Situation irgendwie unheimlich war. Solche Alltagserfahrungen zeigen die Macht, die Angst und Unsicherheit haben können. Sie bewirken etwas, das die Psychologie Kontrollverlust nennt: Wir tun nicht das, was wir für richtig halten. Etwas in uns übernimmt die Kontrolle und beeinflusst unsere Entscheidungen. Auch mutigen Menschen passiert das. Der Unterschied zwischen mutigen und ängstlichen Menschen besteht allein darin, dass mutige ihre Angst häufiger überwinden, ängstliche dagegen seltener.

Ihre vermeidenden Eltern können deshalb oft gar nicht anders. Der Kampf gegen die eigenen Ängste ist anstrengend und oft aussichtslos. Die meisten ängstlichen Menschen geben diesen Kampf irgendwann auf. Stattdessen finden sie Gründe und Entschuldigungen für ihre Vermeidung. Was in den Ohren erwachsener Kinder wie eine Ausrede klingt, verbirgt eine Wahrheit, die noch peinlicher ist als das Vermeidungsverhalten. Denn eigentlich müssten Eltern zugeben: »Ich bin so von Angst bestimmt, dass ich gar nicht mehr Herr meiner selbst bin. Wo ich zwischen meiner Sicherheit und deinem Wohl wählen muss, entscheide ich mich für die Sicherheit. Ich bleibe dir etwas schuldig und kann trotzdem nichts dagegen zu tun.« Das mag eine bittere Wahrheit sein. Doch es entspannt die Beziehung, wenn man die Angst als Handicap sieht, als eine Art Behinderung, die die Möglichkeiten von Eltern einschränkt.

Mario, dessen Eltern keine Grenzen gesetzt haben, hat sich seinem Zorn in der Therapie gestellt. In einigen Vorstellungsübungen hat er die Eltern von damals mit ihrer Konfliktvermeidung konfrontiert. Er ist seinen Zorn losgeworden, hat aber auch die Hilflosigkeit seiner Eltern in der Situation damals gespürt. Er kann inzwischen besser annehmen, dass sie da nicht anders konnten. Seither provoziert er die Eltern seltener.

Ein Weg zu Verständnis und Annahme

Einschränkungen, die eine Behinderung mit sich bringt, würde man leicht akzeptieren. Von einem gehbehinderten Elternteil würde man nicht erwarten, dass es zu einer Bergtour mitkommt oder mit den Enkelkindern im Gelände tobt. Natürlich ist das schade. Doch damit hält man sich nicht auf. Es ist, wie es ist. Man beschränkt sich auf das, was möglich ist. Wer auch Angst als Behinderung sieht, kann leichter akzeptieren, was den Eltern nicht möglich ist. Das lindert die Enttäuschung und das Gefühl, im Stich gelassen zu werden. Kinder lösen auf diese Weise eine ungute Bindung an die Eltern, die Aufmerksamkeit und Energie verbraucht hat. Denn sie haben immer noch gehofft. Sie wollten ihre Eltern dazu bringen, das zu tun, was Eltern tun, die nicht von Angst bestimmt sind.

Allerdings hat eine Sichtweise, die Angst als Behinderung sieht, auch einen Nachteil. Sie entschuldigt die Eltern und es könnte so wirken, als wäre man gar nicht berechtigt, unter dem Verhalten und den Entscheidungen der Eltern zu leiden. Manchmal kann es deshalb wichtig sein, die Sichtweise zu wechseln. Dann nimmt man die eigenen Gefühle ernst und sieht bei Eltern auch eine Verantwortung für das, was mehr oder weniger unbewusst läuft. Denn jeder ist irgendwann selbst dafür verantwortlich, wie er mit seinen Erfahrungen und seiner Prägung umgeht. Es ist kein Schicksal, sich ein Leben lang von seiner Angst bestimmen zu lassen. Wer dazu entschlossen ist, kann einen guten Teil seiner Ängste überwinden. Außerdem gibt es wirksame Hilfen wie eine Beratung, ein Coaching oder eine Psychotherapie. »Ich habe

Angst« ist kein Grund, den man gelten lassen muss. Deshalb darf man auch enttäuscht sein, wenn Eltern ihrer Angst mehr Macht geben als der Liebe zu den eigenen Kindern. Zumindest einmal im Leben sollten sich Kinder eine Phase zugestehen, in der sie die Enttäuschung, das Im-Stich-gelassen-Werden, den Zorn, den Protest und das Unverständnis gegenüber einem Elternteil spüren. Sie müssen dann keine Schuldgefühle haben. Denn die Gefühle bilden nur die Realität der Beziehung ab. Kinder müssen ihre Wahrnehmung nicht infrage stellen, sondern dürfen sich mit ihrer ganzen Person und Überzeugung dahinterstellen. Denn andernfalls drängen sie ihre Wahrnehmung nur in einen dunklen Winkel der eigenen Seele ab und von dort aus steigen am Ende doch wieder Sehnsucht und Enttäuschung auf. Stattdessen gewinnen Kinder eine innere Sicherheit: »Ich habe als Kind unter der Vermeidung meiner Eltern gelitten und das war manchmal schlimm. Heute achte ich umso mehr darauf, dass ich mich mit Menschen umgebe, auf die ich mich verlassen kann und die nicht wegschauen oder sogar weglaufen, wenn es einmal schwierig wird. Ich habe heute das Recht, mich vor der Unzuverlässigkeit meiner Eltern zu schützen.«

Wer seine Wahrnehmungen und Gefühle ernst genommen hat, kann wieder die Perspektive wechseln und mit einem entlastenden Blick auf die Eltern sehen: »Sie können nicht anders« oder genauer: »Sie könnten zwar theoretisch anders, werden aber wohl nie die Unterstützung suchen, die sie bräuchten, um sich anders zu verhalten«. Das ist dann gleichbedeutend mit: »Sie können nicht anders.«

Nicht zum Komplizen der Angst werden

Akzeptieren sollten Sie allerdings nur das Vermeidungsverhalten, auf das Sie keinen Einfluss haben. Andernfalls würden Sie zu Komplizen der Angst. Sie würden das tun, was der Angst am liebsten ist: nicht über das sprechen, was Ihnen ein Elternteil schuldig bleibt; um alles einen Bogen machen, worauf ein Elternteil mit Unsicherheit oder einem Gefühl der Überforderung reagiert. Erwachsene Kinder vermeidender Eltern fallen oft auf beiden Seiten vom Pferd: In den meisten Situationen nehmen sie das Vermeidungsverhalten der Eltern einfach hin. Nur manchmal, wenn es sehr emotional wird, konfrontieren sie die Eltern, dann aber wütend und vorwurfsvoll. Unglücklicherweise geben beide

Reaktionen der Angst recht. Die Resignation der Kinder bestätigt die Angst: »Wenn man nur lange genug wegsieht und nichts tut, kommt man am besten durch.« Aber auch die emotionale Konfrontation bestätigt die Angst: »Ich wusste es ja, Konflikte sind bedrohlich und überfordernd. Ihnen geht man lieber aus dem Weg.«

Erwachsene Kinder müssen daher ein Gleichgewicht finden zwischen einer Annahme und der Herausforderung der Eltern. So bleiben sie, im Bild gesprochen, auf dem Pferd sitzen, statt auf einer Seite herunterzufallen. In dieses Gleichgewicht finden sie, wenn sie unterscheiden lernen, was sie ändern können und was nicht. Außerdem benötigen sie Worte, die ihre Eltern zwar herausfordern, aber keine unnötige Angst wecken.

Die Seite der Eltern ansprechen, die liebt und mutig ist

Neben der Angst gibt es bei Ihren Eltern natürlich auch andere Motivationen. Denn Ihre Eltern lieben Sie und haben den natürlichen Wunsch, für Sie da zu sein. Nur weil die Angst so stark ist, wirkt es manchmal, als würde jede Liebe fehlen. Doch bestimmt fallen Ihnen auch andere Beispiele ein. Ihre Eltern haben gezögert und waren dann doch für Sie da oder haben etwas Schönes möglich gemacht, obwohl es sie etwas gekostet hat. Wenn man die positive Motivation anspricht, setzt sie sich vielleicht gegen die Angst durch. Dabei sollten Sie sich von einer Konvention befreien. Normalerweise gilt: »Wir fordern niemanden zu Liebe und Großzügigkeit auf. Das muss von selbst kommen. Liebe und Großzügigkeit gedeihen ausschließlich in Freiheit. Wer sie nur in Verhandlungen gewinnt, nimmt sich das Schönste.« Doch für Menschen, die in ihrer Vorsicht gefangen sind, ist das kein gutes Prinzip. Kinder akzeptieren besser, dass sie bei ihren vermeidenden Eltern nachhelfen müssen. Tatsächlich sind Liebe und Großzügigkeit weniger schön, wenn man ihnen nachhelfen muss. Doch erstens ist das besser als nichts. Zweitens kann man es auch als Liebe gegenüber den Eltern verstehen, wenn man ihrer Liebe auf die Beine hilft. Und drittens: Wenn Eltern an einem bestimmten Punkt ihre Angst überwinden, sind sie frei. Sie können an dieser Stelle nun auch aus eigener Motivation großzügig sein, wenn sie das wollen. Nirgends anders könnte man das besser zeigen als beim Thema Geld.

Eltern um Geld bitten? Wer nicht in Not ist, überlässt es doch den Eltern, ob sie etwas schenken. Schließlich ist man erwachsen und hat sein eigenes Einkommen. Anders ist es, wenn sich Eltern aus Angst an ihr Geld klammern. Ein ängstlicher Geiz belastet die Beziehung. Eltern machen sich dann taub und blind für das, was ihre Kinder gerade bewältigen müssen oder aufbauen wollen. Denn man kann nicht mit den eigenen Kindern mitfühlen, ohne sich positiv in ihr Leben einzubringen. Dabei spielt das Vermögen der Eltern keine Rolle. Eltern, die wenig Geld haben, bringen ein Pflänzchen für den neu angelegten Garten mit – schon fühlen sich Kinder geliebt und unterstützt. Sie empfinden auch einen kleinen Beitrag als Zeichen der Liebe. Wenn solche Zeichen ausbleiben, wird das Gegenteil spürbar. Kinder können nicht anders, als das als Gleichgültigkeit zu empfinden.

Bevor erwachsene Kinder die Großzügigkeit der Eltern anregen, sollten sie ihre Motive prüfen: Mache ich das wirklich, um unsere Beziehung tiefer und liebevoller zu machen? Wem es in erster Linie um das Geld geht, hat sich vielleicht von finanziellen Ängsten der Eltern anstecken lassen. Die gute Beziehung zu den Eltern sollte über dem Nutzen stehen, den man von ihnen hat. Alle Empfehlungen dieses Kapitels beruhen auf dieser Herzenshaltung. Doch wie lässt sich die Angst der Eltern verringern und ihre Liebe befreien?

Eine erste Strategie liegt darin, Eltern Zeit zu lassen. Denn unter Zeitdruck setzt sich oft die Angst durch. In einem Beispiel könnte es so klingen: »Papa, wenn wir in einem halben Jahr umziehen, dann stehen so viele Ausgaben auf einmal an. Darf ich mir dann vielleicht ein etwas größeres Geburtstagsgeschenk wünschen? Du könntest mir zum Beispiel ein oder zwei Bäumchen schenken, die wir noch in den Garten pflanzen wollen.« Bisher war der Vater beim Schenken brüskierend sparsam. Obwohl die Eltern weit mehr Geld haben, als sie brauchen, hat der Vater manchmal nur ein Buch geschenkt oder sogar gebrauchte Dinge aus dem eigenen Haushalt. Deshalb wäre die Investition in den Garten ein großer Sprung für ihn. Ein halbes Jahr wäre genug Zeit, um sich an eine neue Dimension der Großzügigkeit zu gewöhnen.

An diesem Beispiel können wir auch eine zweite Strategie sehen. Erwachsene Kinder können vermeidenden Eltern nicht nur helfen, den Schreck zu bewältigen, den der Gedanke an eine Großzügigkeit auslöst. Sie können auch Freude an der Investition wecken. Es fallen bei einem Umzug viele Ausgaben an. Doch die Bäumchen würden bei den Eltern jedes Mal Freude wecken, wenn sie zu Besuch kommen. Auch wenn Enkel da sind, finden geizige Eltern manchmal zu einer erstaunlichen Großzügigkeit. Ihnen geht dann einfach das Herz auf. Auch hier können erwachsene Kinder einen größeren Wunsch wagen wie ein Fahrrad, das die Eltern mit dem Enkel aussuchen. Springen Eltern tatsächlich über ihren Schatten, muss das gefeiert werden, zum Beispiel mit einem Picknick neben dem Bäumchen oder mit einem Video, das den Enkel auf dem Fahrrad zeigt. Ängstliche Eltern machen dann gleich zwei gute Erfahrungen: Die Ausgabe hat sie nicht in Not gebracht und sie haben glückliche Momente erlebt.

Anja aus unserem dritten Beispiel oben musste sich gar nicht viel Mühe geben. Sie spricht es einfach offen an, wenn sie Rechnungen kaum bezahlen kann. Sie sagt, wie es ihr geht, wenn sie das Konto überziehen muss oder sich unter großen Schuldgefühlen einmal etwas leistet, das nicht unbedingt nötig ist. Anja merkt zwar, dass ihrer Mutter dieses Thema nicht angenehm ist. Manchmal scheint sich die Mutter sogar taub zu stellen. Sie schaut dann aus dem Fenster und reagiert nicht mehr auf das, was Anja sagt. Trotzdem überweist ihre Mutter später genau den Betrag, der Anja entspannt. Natürlich schämt sich Anja, dass sie selbst nicht mehr verdient. Trotzdem tut es ihr gut, nach all den Nachteilen in ihrem Leben nicht auch noch von den Eltern ignoriert zu werden.

Nicht nur Geld kann wie eine knappe Ressource wirken. Auch über ihre Zeit und Kraft wachen vermeidende Eltern manchmal ängstlich.

Hilfe: Wie Sie Ihre Eltern vor Überforderung schützen

Zwischen dem Auszug der Kinder und der Gebrechlichkeit im Alter haben Eltern viel Kraft, die sie anderen schenken können. Natürlicherweise fließt diese Kraft auch den erwachsenen Kindern zu. Denn die stehen oft in anstrengenden Herausforderungen wie dem Berufseinstieg, einem Karriereschritt, einer beruflichen Selbstständigkeit, einer Familiengründung, einem Umzug oder Hausbau. Millionen erwachsene Kinder können in dieser Lebensphase auf die Unterstützung ihrer Eltern zählen. Vermeidende Eltern geizen jedoch mit ihrem Einsatz.

Stattdessen kreisen sie um das eigene Leben, als ob etwas Schlimmes passieren würde, wenn sie mit Zeit und Kraft zu freigebig sind.

Oft sind auch mit dem Einsatz selbst allerlei Ängste verbunden: »Wenn ich jetzt helfe, dann muss ich vielleicht jeden Samstag zu einem Handwerkereinsatz kommen« oder: »Wenn ich einmal damit anfange, meinen Enkel zu betreuen, dann werde ich bald als Tagesmutter eingespannt«. Manchmal haben vermeidende Eltern auch Angst vor der Schwiegertochter oder dem Schwiegersohn. Häufig erlebe ich zum Beispiel folgende Konstellation: Ein Kind vermeidender Eltern hat sich einen Partner gesucht, der gerade nicht aus einer Familie kommt, die Konflikte vermeidet. Die ängstlichen Eltern erleben den Partner deshalb als laut, emotional, direkt, konfrontativ und bedrohlich. Statt sich in das Leben der nächsten Generation einzubringen, ziehen sich vermeidende Eltern dann lieber zurück. Sie beschränken sich auf harmlose Begegnungen bei Familienfeiern.

Natürlich könnte man die Eltern auch so lassen. Erwachsene Kinder sind selbstständig und können ihr eigenes Leben führen. Doch irgendwann wirken Eltern dann nicht mehr wie Eltern, sondern eher wie entfernte Verwandte, die nicht viel mit dem eigenen Leben zu tun haben. Kinder empfinden dann ein Gefühl von Abstand und Entfremdung. Meist kann man den vermeidenden Eltern ein untergründiges Schuldgefühl abspüren. Sie betonen, wie stark sie in ihrem Leben gefordert sind, obwohl sie sich in Wahrheit in einer entspannten Lebensphase befinden. Sie wirken plötzlich geistesabwesend, wenn ihre Kinder von Projekten reden, bei denen sie gut Hilfe gebrauchen könnten. Daran erkennt man, dass Eltern mit sich selbst nicht im Reinen sind. Sie spüren, dass sie gefordert wären, und können doch nicht über ihren Schatten springen. Dann lohnt es sich, die Eltern um der Liebe willen herauszufordern.

Auch hier helfen die beiden Strategien, die ich beim Thema Geld beschrieben habe: Kinder kündigen einen Unterstützungsbedarf früh an und lassen den Eltern dadurch Zeit, sich an den unbehaglichen Gedanken zu gewöhnen. Sie werben besonders da um praktische Unterstützung, wo es den Eltern Freude machen könnte. Eine dritte Strategie besteht darin, die Ängste der Eltern zu erforschen. Kinder kennen zwar ihre Eltern, sie werden aber trotzdem damit überrascht, wovor sich ihre Eltern fürchten. Dabei können Kinder folgende Fragen stellen:

- »Fühlt ihr euch denn frei, auch einmal Nein zu sagen, wenn wir euch um etwas bitten?«
- »Denkst du, ihr habt genug Hilfe, wenn ihr sie einmal braucht, zum Beispiel wenn einer von euch einmal länger krank wäre?«
- »Wenn ihr euch mal einen Samstag um Lia und Robin kümmern würdet, gäbe es da etwas, das euch Sorgen macht?«
- »Papa, wenn du beim Ausbau unseres Dachgeschosses helfen würdest, gäbe es sicher auch einmal stressige Momente. Fühlst du dich denn sicher, dass wir auch das gemeinsam gut hinbekommen?«

Für die meisten vermeidenden Eltern sind solche Fragen unbehaglich. Denn sie gehen unangenehmen Gedanken lieber aus dem Weg. Deshalb sollten Kinder hier keine allzu offenen Antworten erwarten. Stattdessen können sie die Reaktion eines Elternteils aufmerksam beobachten. Meist offenbart sich dann eine Antwort: Ein vermeidendes Elternteil weicht der Frage aus, kommt aber ein paar Sätze später doch auf das Thema zurück und erwähnt eine Bekannte, deren Leben nur noch um die Enkel kreist. Auch mit dieser Reaktion ist die Frage beantwortet: »Ich habe Angst, dass ich zu stark eingespannt werde und nicht Nein sagen kann, wenn es mir einmal zu viel wird.«

Wenn Eltern ihre Ängste offenbaren, sollten Kinder erst einmal nur zuhören und eine verständnisvolle Haltung einnehmen. Wenn sich Eltern in ihren Sorgen und Ängsten verstanden fühlen, dann entspannt das und erleichtert eine Großzügigkeit. Außerdem ermutigt man Eltern zur Offenheit, wenn man nicht gleich versucht, die Ängste zu entkräften.

Wer die Sorgen vermeidender Eltern versteht, findet auch Ansatzpunkte für eine vierte Strategie, die den Eltern unberechtigte Ängste nimmt. Das kann dann so klingen:

- »Mama, wenn du an zwei Nachmittagen auf Nele aufpasst, heißt das nicht, dass du das die nächsten fünf Jahre so machen musst. Vielleicht hast du einmal weniger Kräfte oder dir wird etwas anderes wichtig, dann ist das in Ordnung.«
- »Papa, wir planen unseren Umzug so, dass es auch ohne eure Hilfe ginge. Wir freuen uns natürlich, wenn wir euch um das eine oder

andere bitten dürfen, aber wir erwarten nicht, dass ihr etwas tut, was euch überfordert.«

- »Jetzt habt ihr vielleicht etwas mehr Zeit und Kraft übrig als wir. Deshalb freuen wir uns, wenn wir euch ab und zu nach Unterstützung fragen dürfen. Aber wenn es einmal andersherum ist, dann gilt es natürlich auch umgekehrt: Dann wollen wir für euch da sein.«

Wenn Eltern solche Beruhigungen hören, klingt der Wunsch nach praktischer Hilfe nicht mehr so bedrohlich. Plötzlich setzen sie sich so ein, wie sie es wohl auch von sich aus täten, wenn ihre Liebe nicht durch Angst blockiert wäre. Was bei den Themen Geld und Unterstützung hilft, kann auch die Aufmerksamkeit der Eltern befreien.

Aufmerksamkeit: Wie Sie Eltern aus der Selbstbezogenheit herauslocken

Angst macht selbstbezogen, denn sie dient der Selbsterhaltung. Doch wenn vermeidende Eltern in ihren Sorgen gefangen sind, bleibt für ihre Kinder nicht mehr viel Aufmerksamkeit übrig. Dann wird ein »Wie geht es dir?« zur Floskel. Denn kaum setzt man zu einer Antwort an, erzählt ein Elternteil schon wieder, was es beunruhigt. Doch die Aufmerksamkeit vermeidender Eltern folgt nicht nur der Anziehungskraft, die Sorgen haben. Sie wird auch von einer Fliehkraft bestimmt. Zwar kann man vor den eigenen Sorgen nicht fliehen, aber wenigstens vor dem, was im Leben der Kinder beunruhigen könnte. Deshalb bagatellisieren vermeidende Eltern oft, was Kinder beschäftigt: »Das wird schon werden.« Sie geben Ratschläge, die ein Problem schnell aus der Welt schaffen: »Dann musst du deine Stelle wechseln« oder: »Zu solchen Freunden würde ich den Kontakt abbrechen«. Schnell sind Eltern dann wieder bei ihren eigenen Themen. Das kann für Kinder sehr frustrierend sein. Warum sind die Eltern so selbstbezogen? Ist es ihnen gleichgültig, was im Leben ihrer Kinder geschieht?

Erwachsene Kinder können ihre Eltern zu einem reiferen Umgang mit den Risiken des Lebens einladen. Dazu benötigen ängstliche Eltern allerdings etwas, womit sie oft noch knausriger haushalten als mit Zeit und Geld: Vertrauen. Eine fünfte Strategie lädt Eltern zu einer Entdeckung ein: Das Einzige, was wirklich beruhigt, sind gute Beziehungen. Sie geben uns die Kraft, zur Not auch etwas Schweres durchzustehen. Sie geben uns die einzige Sicherheit, die wir Menschen haben können: Was immer auch passieren mag, wir sind damit nicht allein. Wenn Kinder ihre (Schwieger-)Eltern zu einer Beziehung einladen, die stark macht, kann das zum Beispiel so klingen.

- »Klaus-Dieter, ich glaube wirklich, dass du mir helfen willst, wenn du sagst, dass das nicht so schlimm ist. Aber wenn du dann so schnell das Thema wechselst, denke ich, du willst lieber gar nicht hören, was mich beschäftigt. Es würde mich ermutigen, wenn du erst mal zuhörst und Anteil nimmst. Und dann vielleicht später etwas Beruhigendes sagst.«
- »Mama, wahrscheinlich fällt es dir gar nicht auf: Unsere Gespräche drehen sich sehr um Dinge, die dir Sorgen machen – wer alles krank ist – wer vielleicht pleitegeht – wer sich getrennt hat oder wer betrogen wurde. Das nimmt so viel Raum ein, dass ich manchmal gar nicht zu Wort komme. Ich finde es nicht schlimm, auch mal zu hören, was um euch herum passiert und was für Gedanken du dir machst. Ich fühle mich nur um deine Aufmerksamkeit betrogen, wenn die Sorgen wichtiger sind als ich. Es gibt so viel Interessantes in meinem Leben, manchmal auch Sorgen, aber auch so viel Positives. Es wäre schön, wenn du mir auch dafür deine Aufmerksamkeit schenkst – und ich glaube, es wäre doch auch schön für dich, oder?«

Solche Worte können für vermeidende Eltern fremd und damit bedrohlich klingen. Vielleicht reagieren sie erst einmal verwirrt oder ausweichend. Doch oft lassen sie sich von einer solchen Einladung trotzdem bewegen. Dann verläuft schon das nächste Gespräch ein wenig anders. Wer sich dann bedankt und die kleine Veränderung wertschätzt, verstärkt die positive Entwicklung. Es braucht allerdings immer wieder taktvolle Einladungen, die die Aufmerksamkeit eines Elternteils lenken. Mit der Zeit verändern sich Gespräche. Kinder fühlen sich mit ihren Eltern verbundener. Wo sich Kinder früher oft als austauschbare Zuhörer eines Elternteils gefühlt haben, das um sich selbst kreist, erleben sie immer häufiger eine echte Begegnung, in der Freude und Leid geteilt werden. Das gilt dann auch für die Eltern. Auch sie machen genau die Art von Beziehungserfahrung, die in einer Welt voller Risiken ermutigt.

Die Liebe größer werden lassen als die Angst

Geld, Hilfe und Aufmerksamkeit – das bleiben vermeidende Eltern ihren erwachsenen Kindern am häufigsten schuldig. In den drei Abschnitten dazu habe ich Ihnen fünf Strategien vorgestellt, die die Angst verringern und die Liebe stärken. Hier sehen Sie die fünf Strategien noch einmal im Überblick:

- Strategie 1: Fordern Sie Ihre Eltern ruhig heraus, tun Sie das aber früh und geben Sie Ihren Eltern dadurch Zeit, sich an einen Gedanken zu gewöhnen, der ihnen Angst macht.
- Strategie 2: Betonen Sie die Freude und das Glück, das in der Großzügigkeit liegt, nicht in Form einer Belehrung, sondern indem Sie ausmalen, wie schön es wird.
- Strategie 3: Finden Sie heraus, was genau Ihren Eltern Angst macht.
- Strategie 4: Nehmen Sie Ihren Eltern unberechtigte Ängste, indem Sie deren Wahrnehmung auf das lenken, was Mut macht: zum Beispiel auf gute Erfahrungen in der Vergangenheit oder auf Menschen und Umstände, denen sich Ihre Eltern auch in der Not anvertrauen könnten.
- Strategie 5: Leiten Sie Ihre Eltern zu Gesprächen an, in denen beide Seiten ermutigt und gestärkt werden.

Diese Strategien halten an einem positiven Bild vermeidender Eltern fest: Ja, sie sind oft in ihrer Angst gefangen. Doch gleichzeitig lieben sie ihre Kinder und haben Freude daran, wenn sie großzügig sein können. Die Angst mag oft siegen und damit müssen erwachsene Kinder ihren Weg finden. Doch das hindert sie nicht, immer wieder Brücken zu bauen, die der Liebe der Eltern über das hinweghelfen, was unsicher oder misstrauisch macht. Diese Gratwanderung zwischen Realismus und Zuversicht kann auch auf einen spirituellen Weg führen.

Eine Spiritualität guter Mutterschaft und Vaterschaft

Auch zu Jesu Zeiten haben nicht alle gute Erfahrungen mit ihren Eltern gemacht. Trotzdem verwendet Jesus das Bild eines Vaters, wenn er aufzeigt, wie Gott ist und was wir von ihm erwarten können. Denn alle finden sich im Bild eines guten Vaters wieder; die einen, weil sie einen guten Vater erlebt haben; die andern, weil sie ahnen, was für einen Vater sie gebraucht hätten.

Kinder vermeidender Eltern haben ihre Erfahrungen im Elternhaus oft resignativ verarbeitet: Sie haben ihre Maßstäbe gesenkt und gelernt, nicht viel von einer Mutter oder einem Vater zu erwarten. Reicht es denn nicht, wenn Eltern ihren Kindern Versorgung und ein sicheres Zuhause bieten? Muss man nicht sowieso seinen eigenen Weg finden? Wenn Sie Ihre Erfahrung mit den Eltern so oder ähnlich verarbeitet haben, dann haben Sie vermutlich einigen Gedanken dieses Kapitels innerlich widersprochen. Denn ich habe ja vertreten, dass Eltern auch ihren erwachsenen Kindern Rückhalt geben und sich für deren Leben einsetzen. Machen es sich erwachsene Kinder da nicht zu leicht? Sollten sie ihren Eltern wirklich noch auf der Tasche liegen? Und sich von ihnen immer noch helfen lassen? Macht das nicht bequem, unselbständig oder abhängig? Darauf würde ich antworten: Frei sollten erwachsene Kinder sein. Wenn die Eltern nicht unterstützen wollen, dann finden erwachsene Kinder auch allein ihren Weg. Aber wenn Eltern gern unterstützen, warum sollten erwachsene Kinder das nicht fröhlich willkommen heißen? Hat Ihr Elternbild vielleicht auch ein Stück Resignation in sich? Dann kann Ihnen der Glaube helfen, wieder eine Vorstellung davon zu bekommen, was gute Eltern ausmacht. Das mag schmerzhaft sein. Denn erst mal spürt man deutlicher, was fehlt und wo die eigenen Eltern einem etwas schuldig bleiben. Aber erwachsene Kinder gewinnen ein Bild einer guten Eltern-Kind-Beziehung, von dem sie sich leiten lassen können. Und wo den Eltern dabei ihre Angst im Weg steht, finden Glaubende bei Gott, was die Eltern schuldig bleiben. Hören wir dazu in eine Rede von Jesus hinein. Sie führt von Resignation zu einer zuversichtlichen Erwartung.

> Bittet, und es wird euch gegeben; sucht, und ihr werdet finden; klopft an, und es wird euch geöffnet. Denn jeder, der bittet, empfängt, und wer sucht, findet, und wer anklopft, dem wird geöffnet.

Oder würde jemand unter euch seinem Kind einen Stein geben, wenn es ihn um Brot bittet? Würde er ihm eine Schlange geben, wenn es ihn um einen Fisch bittet? Wenn also ihr, die ihr doch böse seid, das nötige Verständnis habt, um euren Kindern gute Dinge zu geben, wie viel mehr wird dann euer Vater im Himmel denen Gutes geben, die ihn darum bitten (Matthäus 7,7-11; NGÜ).

In herausfordernder Weise spricht Jesus seine Hörer als »böse« an und setzt damit eine spirituelle Einsicht voraus: Alle menschlichen Handlungen sind auch von Selbstbezogenheit und unguten Motiven durchsetzt. Trotzdem, führt Jesus weiter aus, kann sich euer Kind auf eure Hilfe verlassen, wenn es Hunger hat. Seine Bitte und positive Erwartung wirst du nicht enttäuschen. Wenn wir Menschen dazu in der Lage sind, um wie viel mehr wird es Gott sein, dessen Liebe nicht durch Selbstbezogenheit geschwächt ist? Jesus lädt Glaubende ein, sich Gott wie einen verlässlichen und großzügigen Vater vorzustellen. Religionskritiker haben im Glauben an einen »Vater im Himmel« etwas gesehen, das erwachsene Menschen in einem kindlichen Zustand hält: unselbständig, unmündig und von Autoritäten leicht zu beeinflussen. Doch man kann darin auch die Pointe des christlichen Menschenbildes sehen. Niemand muss in einer Weise erwachsen werden, dass er ohne Rückhalt, Liebe, Vergewisserung, Vergebung und das Wissen um eine höhere Gerechtigkeit durchs Leben geht. Es liegt in der Natur des Menschen, von Gott geleitet, geheilt, gehalten, geliebt, ja bewohnt zu werden (Johannes 14,23). Dass in einem solchen Glauben eine große emanzipatorische Kraft liegt, haben so starke Persönlichkeiten wie William Wilberforce, Mutter Teresa oder Martin Luther King vorgelebt.

Der Glaube, zu dem Jesus hier einlädt, kann Kindern vermeidender Eltern in dreierlei Weise dienen.

- Erstens hält der Glaube an einem positiven Bild von Eltern fest. Eltern sind großzügig und verlässlich. Das ist ihre Natur. Wo sich Eltern aber ängstlich zurückhalten, dürfen auch erwachsene Kinder enttäuscht sein und Schmerz empfinden: »Das ist so nicht richtig. So sollten sich Eltern nicht verhalten.«
- Zweitens verleiht der Glaube auch eine Autorität: »Es ist richtig, meine Eltern herauszufordern. Ich darf sie zu einer großzügigen

Liebe führen, wenn sie das zulassen. Eltern sollten die großzügige und selbstlose Liebe Gottes widerspiegeln, so gut sie es als unvollkommene Menschen können.« Wo das gelingt, wächst die Liebe zwischen Kindern und vermeidenden Eltern. Die Möglichkeiten, sich gegenseitig zu beschenken, nehmen zu.

- Drittens finden Glaubende bei Gott, was ihnen die Eltern schuldig bleiben. Das durfte ich bei vielen glaubenden Menschen sehen, die ich begleitet habe: Da, wo Eltern versagen, finden sie bei Gott mehr als einen Ausgleich dafür. Natürlich ist es eine religiöse Deutung, wenn Kinder das Gefühl haben, Gott schenke ihnen in ihren Beziehungen und Lebensmöglichkeiten genau das, was ihnen die Eltern schuldig bleiben. Doch oft hat mich diese Deutung überzeugt. Wo erwachsene Kinder zu einem solchen Glauben finden, werden sie frei und sind für beide Ausgänge offen: »Wo es möglich ist, lade ich meine vermeidenden Eltern zur Großzügigkeit ein. Das tue ich vor allem, damit unsere Beziehung liebevoller wird, und nicht wegen des Nutzens, den ich davon habe. Wo meine Eltern aber in der Vermeidung gefangen bleiben, erfahre ich die elterliche Fürsorge von Gott.« So betet auch König David im Buch der Psalmen: »Selbst wenn Vater und Mutter mich verließen, der Herr nimmt mich dennoch auf« (Psalm 27,10; NGÜ).

Versöhnt leben

Kinder vermeidender Eltern leiden unter deren Konfliktvermeidung und deren ängstlicher Selbstbezogenheit. Auf ihrem Weg der Versöhnung überwinden sie die Angst der Eltern durch eigenen Mut. Sie schauen an, was ihnen die Eltern schuldig bleiben, auch wenn das schmerzhaft ist. Sie erkennen eigene Ängste und setzen ihnen ein Vertrauen entgegen. Sie blicken barmherzig auf die Eltern, deren Angst wie eine Behinderung ist, die ihnen manchmal unmöglich macht, was im Leben am schönsten ist: großzügig sein, sich einsetzen, sich die Liebe für andere auch etwas kosten lassen. Doch da, wo die Eltern anders könnten, fordern erwachsene Kinder sie zur Großzügigkeit heraus. Sie laden die Eltern zu einem Vertrauen ein, das auch angesichts der Risiken des Lebens zuversichtlich und mutig macht.

Wenn Eltern einschüchtern

Kinder brauchen ihre Eltern als sichere Basis. Dann können sie die aufregende Welt erkunden. Wenn es dabei einmal unsicher wird, kehren Kinder einfach in den sicheren Hafen zurück. Weil das Leben hart sein kann, schätzen es auch erwachsene Kinder, wenn sie bei ihren Eltern noch einen sicheren Hafen finden. Doch manche Kinder haben keine sichere Basis im Elternhaus. Denn ein Elternteil verschafft sich in einer Weise Respekt, die Kinder das Fürchten lehrt. Wenn die Kinder erwachsen sind, ist das einschüchternde Elternteil oft schon etwas milder geworden. Trotzdem geht von ihm noch etwas Bedrohliches aus. Erwachsene Kinder können dann kaum sagen: Ist es die Angst von früher, die heute wieder hochkommt? Oder würde jeder Angst bekommen, wenn seine Mutter oder sein Vater so auftreten würde? Die folgende Checkliste zeigt, wie Eltern erwachsener Kinder auf der Klaviatur der Angst spielen.

Checkliste »Einschüchterung«

- Setzt Ihre Mutter/Ihr Vater noch heute eine bedrohliche Körpersprache ein, zum Beispiel eine laute Stimme, einen bösen Gesichtsausdruck und kämpferische Gesten?
- Gibt es Situation, in denen Ihre Mutter/Ihr Vater Sie ganz plötzlich wie einen Gegner behandelt?
- Versucht Ihre Mutter oder Ihr Vater ein Machtwort zu sprechen, statt einen Kompromiss zu suchen?
- Spricht Ihre Mutter oder Ihr Vater noch heute Drohungen aus?
- Wenn Sie einen Partner haben oder verheiratet sind: Hat es eine Zeit der Prüfung gegeben, bis Ihr Partner respektiert wurde? Oder hat sich Ihre Mutter/Ihr Vater sogar entschieden, Ihrem Partner den Respekt zu verweigern und macht ihn immer wieder klein?
- Geben Sie noch heute manchmal nach, weil sonst ein heftiger Konflikt droht, der Sie noch lange beschäftigen würde?
- Fühlt sich Ihre Mutter/Ihr Vater manchmal angegriffen, wenn Sie sich für Ihre eigenen Wünsche stark machen?
- Spielt Ihre Mutter/Ihr Vater manchmal eine Opferrolle, nur um sich dann doch durchzusetzen?

Die Checkliste zeigt: Die Stärke einschüchternder Eltern richtet sich auch gegen die eigenen Kinder. Selbst erwachsene Kinder fühlen sich in Konflikten klein. Oder sie machen sich klein, um ein einschüchterndes Elternteil nicht zu reizen. Wie kompliziert das werden kann, zeigen die folgenden Beispiele.

Eltern, die zum Fürchten sind

- *Vater und Boss.* Erik hätte vielleicht nie in das Autohaus seines Vaters einsteigen sollen. Einerseits hat er es gut bei seinem Vater. Er fährt ein tolles Auto und hätte nie so früh bauen können, wenn er seinen eigenen beruflichen Weg gegangen wäre. Doch bei seinem Vater zu arbeiten, hat einen hohen Preis. Denn der geht ihn immer wieder hart an, selbst vor Kunden oder Mitarbeitern. Das geschieht, wenn Erik einen Fehler macht. Manchmal führt aber schon ein Missverständnis zu einem Wutausbruch des Vaters, selbst wenn Erik das später aufklären kann. Trotzdem würde sich sein Vater nie entschuldigen. Erik fühlt sich gedemütigt und nimmt sich vor, dem Vater gegenüber selbstbewusster aufzutreten. Aber mehr als kleinlaute Wort kommen ihm nicht über die Lippen. Der Vater ist einfach übermächtig. Er hat ein untrügliches Gespür für die wunden Punkte des anderen. Wenn Erik sich wehrt, zielt der Vater auf das, was ihn am meisten trifft. Auch sonst tut der Vater alles, um ihn kleinzuhalten. Erik hat kein Zeichnungsrecht, obwohl es oft praktisch wäre, wenn er Bankvorgänge unterschreiben könnte. Aber nein, alles muss über den Schreibtisch des Vaters laufen. Außerdem bekommt Erik ein mickriges Gehalt. Wie viel er am Ende verdient, liegt dann am Bonus, den der Vater am Jahresende festlegt. Der fällt zwar hoch aus. Aber dadurch hat ihn der Vater in der Hand. Erik braucht das Geld für das Haus.
  Natürlich ist Eriks Vater auch in der Familie der Boss. Er bestimmt zum Beispiel die Termine für Familienfeste, auch wenn sie anderen nicht passen. Es gibt einfach keine Diskussion. Erik schämt sich vor seiner Frau, dass er das alles mit sich machen lässt. Sie selbst hat einen guten Weg mit dem Vater gefunden. Sie spielt in der Familie die graue Maus, überhört die Kommentare des Vaters und über-

lässt Erik das Reden. Der Vater respektiert sie. Irgendwie spürt er wohl, dass in ihrer stillen Unabhängigkeit eine Stärke liegt. Denn am Ende des Tages entscheidet Eriks Frau so, wie sie es will. Dann fehlt sie bei der Familienfeier, wenn ihr der Termin nicht passt. Später lässt sie den Wutanfall des Vaters einfach verrauchen. Sie mustert den tobenden Schwiegervater, wie man ein interessantes Tier betrachtet. Erik hat sogar das Gefühl, dass der Vater auf ihre Wünsche mehr Rücksicht nimmt als auf seine. Wie schafft es seine Frau nur, keine Angst zu haben?

- *Geborgen im Schoß der Macht.* Teresa war der Liebling ihres Vaters. Kuscheln, Ausflüge, Action und Spaß – als Kind hat ihr nichts gefehlt. Sie war ein liebes Mädchen, nur etwas schüchtern im Kindergarten und in der Schule. Erst im Lauf ihrer Schulzeit hat sie an Selbstbewusstsein gewonnen. Doch auch als Jugendliche hat sie den Vater nicht infrage gestellt, es war einfach schön mit ihm. Sie musste sich nur nach seinen Vorgaben richten. Teresa ist das nicht schwergefallen. Seine Meinung hat sie überzeugt. Heute ist ihr bewusst geworden: Sie hat Angst davor, was passiert, wenn sie eine eigene Meinung vertritt. Dann wird der Vater laut und vehement. Wird er sie verstoßen, wenn sie sich einmal nicht mehr anpasst? Teresa versucht nun, ihre Sicht der Dinge zu behaupten. Es ist ein richtiges Angstbewältigungstraining. Bisher ist es gut gegangen. Nun weiß Teresa auch, warum die andern so vor dem Vater kuschen. Es ist nicht leicht, ihm etwas entgegenzusetzen. Vermutlich war Teresa deshalb immer so lieb und angepasst. Sie hat wohl gespürt, dass es mit ihrem Vater so am besten funktioniert.

- *Die Angst aus Kindheitstagen.* Davids Vater wird gebrechlich. Eigentlich wäre es gut, wenn David öfter nach ihm sehen würde. Aber schon bei dem Gedanken an einen Besuch verkrampft sich Davids Magen. Er wird unruhig und angespannt und kann nur noch daran denken, was bei dem Besuch alles passieren könnte. Im Grunde passiert nicht viel. Der Vater wird manchmal wütend. Er holt beim Reden mit der Hand aus, beinahe so, als wollte er nach David schlagen. Der Vater besteht noch heute herrisch auf Kleinigkeiten und gibt Kommandos. Wäre es irgendein älterer Herr, fände es David amüsant. Er muss sich ja nicht herumkommandieren lassen. Doch bei seinem Vater hat David seine Gefühle und seinen Körper nicht im Griff. Ihn packt eine Angst. Davids Herz pocht, ihm wird schwindlig, er ist ganz wacklig auf den Beinen. Es müssen die Prügel von früher sein, die noch in David stecken. Der Vater hat ihn gepackt und geschüttelt, wenn ihm einmal eine Tasse aus der Hand gerutscht ist. Er hat geschlagen, wenn die Schrift nicht gerade auf den Zeilen war. Er hat geprügelt, wenn David einen Trotzanfall hatte. Das war wohl die Botschaft seiner Kindheit: »Ich, dein Vater, habe Gewalt über dich. Du bist klein und tust besser, was ich will.« Offenbar glaubt Davids Gehirn noch nicht, dass es heute anders ist.

Auch auf erwachsene Kinder wirkt das einschüchternde Verhalten von Eltern. Heute beruht deren Macht jedoch zum größten Teil auf einem Mechanismus, der sich »Regression« nennt: das Zurückrutschen in einen früheren kindlichen Gefühlszustand. Erwachsene Kinder fühlen sich dann wieder klein, ausgeliefert und machtlos, obwohl das heute nicht mehr stimmt. Wer ein einschüchterndes Elternteil entmachten will, muss sich daher auch der Angst von früher stellen.

In den Beispielen ging es um einschüchternde Väter. Natürlich können auch Mütter laut, vehement und böse werden. Doch ihnen geht es meist mehr um Kontrolle als um Durchsetzung. Deshalb finden sich Kinder solcher Mütter häufiger im ersten Kapitel wieder: »Wenn Eltern Grenzen überschreiten«. Die Tipps zur Angstbewältigung dieses Kapitels können dann eine hilfreiche Ergänzung sein.

Wie kommt es dazu, dass Kinder Angst vor ihren Eltern haben müssen? Manche Eltern haben erfahren, dass nur der Stärkere überlebt und seine Lieben schützen kann. Dass sich die kämpferische Stärke auch gegen die eigenen Kinder richtet, ist nur die tragische Nebenwirkung eines Überlebenskampfes.

Ein Familienerbe des Überlebens

Für manche Familien ist das Leben bedrohlich. Eine Familie ist zum Beispiel zugewandert. Sie wird von den Ansässigen ausgegrenzt oder missachtet. Auch die Kinder werden von Mitschülern schikaniert. In anderen Familien kommt die Bedrohung von innen. Ein Elternteil oder ein Geschwisterkind ist psychisch krank. Nie weiß man, ob man mit Gefühlsausbrüchen, Gewalt, sexueller Zudringlichkeit oder ekelerregenden Situationen konfrontiert wird. Manche Kinder machen eine erstaunliche Entdeckung: »Ich habe starke Nerven. Ich bin stark, kann Schläge aushalten und mir Respekt verschaffen. Wenn ich meine Angst nicht zeige und selbst bedrohlich bin, kommt mir keiner zu nahe. Ich kann sogar Verantwortung für das Chaos in meiner Familie übernehmen, meinen kleinen Bruder schützen oder meine Eltern zur Vernunft bringen.« In solchen Familiengeschichten trainieren Kinder vor allem eines: wie sie sich Respekt verschaffen und andere das Fürchten lehren.

Wenn Kinder gute Entwicklungsbedingungen haben, dann verbindet sich die Stärke oft mit sozialer Kompetenz und einem Charisma, das andere mitreißt. Solche Kinder sind die geborenen Anführer und später auch gute Führungskräfte. Trotzdem kann es für jeden bedrohlich werden, der sich mit ihnen anlegt. Andere erfahren neben ihren Siegen auch bedrohliche Niederlagen. In ihre Stärke mischt sich dann die Erfahrung von Ohnmacht. Sie empfinden schnell feindselige Gefühle: »Wenn du dich gegen mich stellst, mache ich dich unschädlich.«

Wer von ohnmächtigen Einschüchterern erzogen wird, wird kleingemacht, sobald sich ein eigener Wille zeigt. Dieser wird gebrochen, durch Lautstärke, Drohungen und Schläge. Souveräne Einschüchterer dagegen sind zunächst oft tolle Eltern. Kinder fühlen sich wohl und merken gar nicht, wie wenig sie zu sagen haben. Erst als Jugendliche leiden sie unter der übertriebenen Stärke eines Elternteils.

Meist wächst in jeder Generation ein Kind heran, das die eigene Stärke entdeckt und sie zur Waffe macht. Vielleicht war das Ihre Mutter oder Ihr Vater. Doch wie entkommt man dem Kreislauf von Ohnmacht und Machtausübung?

Ist die Angst noch berechtigt?

Niemand kann seine Angst abschalten, wenn ein Elternteil bedrohlich auftritt. Doch einschüchtern lassen muss man sich nicht. Man kann seiner Angstreaktion standhalten und sich so verhalten, wie man es für richtig hält. Auf diesem Weg vergeht die Angst mit der Zeit, allerdings nur wenn sie heute nicht mehr berechtigt ist. Das führt zu einer entscheidenden Frage: Habe ich heute noch einen Grund, mich vor dem einschüchternden Elternteil zu fürchten? Eine laute Stimme, ein drohender Blick oder eine aggressive Körpersprache sind zwar nicht angenehm, aber für Erwachsene nicht unbedingt ein Grund, sich zu fürchten. Fast nie berichten mir erwachsene Kinder, dass sie noch Gewalt fürchten. Das wäre natürlich ein guter Grund für Angst. Manchmal sind aber auch Angriffe mit Worten so heftig, dass ein Schaden entsteht. Beleidigungen oder Drohungen können einen Eindruck in der Seele hinterlassen, den man erst mal verarbeiten muss. Dann folgen schlechte, gestohlene Stunden, bis die heftige Erfahrung verdaut ist. Auch davor fürchten sich Kinder zu Recht. Schließlich gibt es Situationen, in denen eine Drohung nicht nur schlechte Laune verursacht, sondern auch wahr gemacht werden könnte. Eriks Vater könnte zum Beispiel den Bonus am Jahresende streichen und seinen Sohn so in eine unangenehme finanzielle Situation bringen.

Wenn es eine berechtigte Angst gibt, muss diese erst beseitigt werden. Wenn Kinder verbale oder sogar körperliche Gewalt fürchten müssen, dann darf keine Begegnung mehr an Orten stattfinden, wo diese zu befürchten ist. Öffentliche Orte wie Parks, Cafés, Restaurants oder Spaziergänge an belebten Orten geben der Begegnung dann einen – einigermaßen – sicheren Rahmen. Manchmal kann auch eine Kontaktpause notwendig sein. Doch meist reicht es, verbaler Gewalt in einem offenen Gespräch eine Grenze zu setzen. Kinder sprechen dann aus, was sie nicht akzeptieren, und kündigen an, wozu sie entschlossen sind, wenn es noch einmal dazu kommt. Einschüchternde Eltern wissen, wann sie zu weit gehen. Das stört sie nicht, wenn sie damit ihre Ziele erreichen. Doch rote Linien respektieren sie in der Regel, schließlich lieben sie ihre Kinder auch.

Doch wie gelingt das, wenn sich Kinder wie Erik noch in einer Abhängigkeit befinden? Dann müssen sie vielleicht eine Zeit lang mit den Wölfen heulen. Wie das gelingt, findet sich in einem Abschnitt weiter unten. Kinder sollten sich dann aber von der Unterstützung der Eltern unabhängig machen. Danach können sie auf eine Drohung gelassen reagieren: »Papa, das hört sich gerade wie eine Drohung an – so als würdest du uns nur weiter unterstützen, wenn ich mich in meinen Entscheidungen nach dir richte. Doch das willst du mir nicht zumuten, oder? Das würde unserer Beziehung nicht guttun.« Falls der Vater wütend den Geldhahn zudreht, geht das Leben weiter – weil Kinder das Geld nicht mehr eingeplant haben.

Auch Erik muss sich die Einschüchterungen seines Vaters nicht bieten lassen: »Vater, ich hätte wirklich Spaß daran, dein berufliches Lebenswerk weiterzuführen. Ich habe hier auch mehr Chancen, als ich sie woanders hätte. Aber trotzdem darfst du mich nicht vor den Mitarbeitern bloßstellen, wenn dir etwas nicht gefällt. Das musst du dir überlegen: Entweder behandelst du mich schon jetzt wie einen künftigen Nachfolger oder ich gehe meinen beruflichen Weg woanders.« Erik darf dabei aber nicht bluffen. Sein Vater würde das sofort durchschauen. Doch wo Einschüchterer echte Stärke spüren, weckt das ihren Respekt. Dann legen sie die Druckmittel meist aus der Hand.

Wer sich vor bedrohlichen Worten nicht mehr zu fürchten braucht, kann sich der Angstreaktion seines Körpers stellen. Denn der glaubt nicht immer dem, was uns unsere Gedanken sagen. Unser Körper reagiert auf die Körpersprache einschüchternder Menschen. In ihm sind außerdem alle Erfahrungen mit unseren Eltern gespeichert.

Der Angstreaktion standhalten

Herzklopfen, Anspannung, weiche Knie, Adrenalinstöße, Fluchtimpulse oder sogar Zittern, Denkblockaden, Erstarrung und ein Gefühl, neben sich zu stehen – mit diesen Reaktionen antwortet unser Körper auf Bedrohungen. Das aktiviert uns für den Kampf oder für die Flucht. Manchmal entscheidet sich unser Körper auch für einen Totstellreflex, der uns nichts mehr tun lässt, was die Aufmerksamkeit des Feindes auf uns lenken könnte. In einer anderen Variante zeigt sich unser Körper so verletzlich, schwach und klein, dass sich für den Angreifer der Kampf erübrigt: Der zitternde, geduckte Gegner ist bereits besiegt und muss nicht weiter bekämpft werden.

Doch heute tragen wir unsere Konflikte nicht mehr körperlich aus. Trotzdem nutzen Menschen, die einschüchtern, die körperliche Angst anderer aus, weil sie dadurch Macht über sie gewinnen. Doch keiner muss sich vor seinem eigenen Körper fürchten. Wir können der Angstreaktion standhalten. Je gelassener wir das tun, desto milder verläuft unsere Angstreaktion. Darauf beruht jede Therapie von Ängsten: Wenn wir die Angst einfach zulassen, schwächt sie sich ab. Das funktioniert auch in alltäglichen Situationen.

Wenn Sie ein einschüchterndes Elternteil haben, dann nehmen Sie vielleicht ein Herzklopfen, eine Anspannung, ein Schwitzen, eine Unruhe und Fluchtimpulse wahr. Sie wehren sich nicht dagegen. Sie erlauben ihren Körperreaktionen so lange da zu sein, bis sie wieder schwächer werden. Sie können sich währenddessen behaupten, obwohl Sie Angst haben. Dann bleiben Sie freundlich bei Ihrer Meinung. Oder Sie verhandeln beharrlich, bis es zu einem Kompromiss kommt. Gegenüber einschüchternden Eltern kann man die Angst auch einfach zugeben. Das kann sehr souverän klingen:

- »Papa, gerade wirkst du auf mich, als wärst du zu allem entschlossen, um dich durchzusetzen. Das macht mir Angst.«

Dann muss man die Angstsymptome nicht verbergen und verliert auch die Befürchtung, dafür angegriffen zu werden.

Ähnlich souverän kann man auch um eine Pause bitten, in der sich die Angst beruhigen kann:

- »Papa, es wird gerade bedrohlich für mich. Es fühlt sich so an, als wären wir Gegner, die einander bekämpfen. Das macht mir Angst. Ich kann gerade nicht mehr klar denken und werde mich jetzt zurückziehen. Morgen rufe ich dich an, dann können wir weiterreden.«

Vielleicht brauchen Kinder auch nur eine kleine Pause, bis sie sich wieder sicherer fühlen. Dann können sie ein Fenster öffnen, ein Glas Wasser holen oder einen Tee kochen. Solche unauffälligen Unterbrechungen geben Raum zum Durchatmen.

Auf diese Weise bleiben erwachsene Kinder trotz ihrer Angst handlungsfähig. Dann können sie eine Stärke zeigen, die ohne Überlegenheit auskommt.

Eine sanfte Stärke zeigen

Einschüchterung möchte sich durchsetzen. Manchmal geht es ihr nur ums Prinzip. Dann entzündet sich die Lust am Siegen bereits an

Kleinigkeiten. Schon die Frage, mit wessen Auto man fährt, kann zum Kampf werden oder das Gespräch über Dinge, die man unterschiedlich sehen kann. Kinder einschüchternder Eltern sollten sich auf solche Machtproben nicht einlassen. Sie können stattdessen vorleben, wie beide Seiten gewinnen und Unterschiede friedlich nebeneinanderstehen können. Eine sanfte Stärke vertritt die eigenen Interessen, betont aber gleichzeitig Loyalität und Kompromissbereitschaft. Das kann sich zum Beispiel so anhören:

- »Papa, ich kann doch nicht einfach nachgeben, nur weil du so vehement wirst. Ja, du sollst dich auch wohlfühlen auf unserem Fest. Weil du die Raummiete bezahlst, hören wir auch besonders gut hin, was dir wichtig ist. Aber es ist ja trotzdem noch unser Fest und soll doch auch unsere Handschrift tragen und unser Lebensgefühl ausdrücken. Lass uns doch noch eine Nacht drüber schlafen und dann schauen, ob wir das nicht so regeln können, dass es für uns und für dich in Ordnung ist.«
- »Papa, ich bin dir gegenüber loyaler als du denkst. Wenn du Sibylle in der Diskussion so anherrschst, stelle ich mich natürlich auf ihre Seite. Sie ist meine Frau. Sie soll sich in unserer Familie sicher fühlen. Da ist es mir egal, wer in der Sache recht hat. Aber wir reden ja zu Hause. Dann erkläre ich Sibylle deinen Standpunkt und wo sie dich vielleicht gereizt hat, ohne es zu merken.«

Wenn ein einschüchterndes Elternteil Loyalität spürt, verliert die Auseinandersetzung ihre Schärfe. Trotzdem werden einschüchternde Eltern niemals als Verlierer vom Platz gehen. Verständnis zu äußern oder von einer überzogenen Forderung abzurücken, würden einschüchternde Eltern als Schwäche empfinden. Auch eine Entschuldigung fühlt sich für sie an, als hätten sie einen Kampf verloren. Deshalb sollten Kinder auch auf kleine Zeichen achten. Ein abwehrendes »Ach«, das die Meinung einer Tochter oder eines Sohnes immerhin stehen lässt, kann schon ein starkes Friedensangebot sein.

Wenn ich Kinder einschüchternder Väter begleite, glauben sie zunächst gar nicht, wie viel sie erreichen können. Es braucht nur ein wenig Geduld. Erik zum Beispiel hat mit seinem Vater offen gesprochen. Er hat erklärt, wie sehr es ihn aufhält, dass er bestimmte Vorgänge nicht unterschreiben kann. Einige Wochen später schiebt ihm der Vater ein Bankformular hin: »Hier, unterschreibe.« Erstaunt liest Erik das Formular, in dem ihm der Vater endlich das Zeichnungsrecht einräumt. Die ganze Szene wirkt allerdings so, als wäre das der Wille des Vaters. »Auch gut«, denkt sich Erik. »Mein Vater kann halt einfach nicht nachgeben.« Eigentlich wäre ihm danach zu grinsen und den Vater herausfordernd anzuschauen. Aber das lässt er heute lieber.

Mit den Wölfen heulen

Erik kommt heute mit seinem Vater klar. Er geht gern ins Autohaus. Kleinere Wutausbrüche seines Vaters nimmt er nicht mehr persönlich. Die Beziehung zu ihm ist offener und sogar etwas herzlicher geworden. Erik fühlt sich auch nicht mehr klein. Er ist selbstbewusster und hat gelernt, immer wieder zu sagen, dass ihm die Interessen des Vaters wichtig sind und auch die Beziehung zu ihm. Das war ein Geheimnis der positiven Veränderung. Doch damit allein hätte er vermutlich keine Veränderung erreicht. In den Gesprächen, die Erik mit mir geführt hat, haben wir vorher die Machtfrage sorgfältig geklärt. Denn Erik war als Arbeitnehmer von seinem Vater abhängig. Gelassen und selbstbewusst kann man aber nur aus einer unabhängigen Position heraus sein. Deshalb hat sich Erik auf dem Arbeitsmarkt umgesehen. Er hat durchgerechnet, welche Folgen ein geringeres Gehalt woanders hätte. Doch auch das hätte funktioniert. Der Ausbau des Hauses hätte sich verlangsamt und die Familie hätte vielleicht bei Urlauben sparen müssen. Aber etwas Schlimmes wäre nicht passiert. Deshalb entschloss sich Erik, sich zumindest für einige Jahre etwas anderes zu suchen, falls ihn der Vater weiter so beschämt und kleinhält. Er hat in den Gesprächen mit seinem Vater nie gedroht, das Unternehmen zu verlassen. Doch sein Vater hat wohl die Entschlossenheit gespürt, als Erik erklärt hat, was er braucht, um sich auf Dauer im Unternehmen wohlzufühlen und eine gute Leistung zu bringen. Einschüchternde Eltern haben gute Antennen dafür, wo ihre Kinder Schwachpunkte haben und wo nicht. Im Wissen, dass sie die stärkeren Nerven haben, drängen sie die Beziehung an den Rand des Abgrunds. Aber sie lassen sie nicht abstürzen.

Doch manchmal geht es anders aus, wenn sich Kinder einschüchternder Eltern fragen, wie viel Macht ein Elternteil heute wirklich noch hat. Marie zum Beispiel, die ich noch nicht erwähnt habe, braucht ihre Mutter. Sie kommt an drei Nachmittagen und empfängt die Kinder, wenn Marie noch arbeitet. Jede andere Lösung wäre unglaublich stressig. Doch Maries Mutter würde nie etwas gegen den Willen des Vaters tun. Wenn Marie in der Beziehung zum Vater zu viel riskiert, würde sie einen hohen Preis zahlen und die Kinder gleich mit. Marie erinnert sich, wie Machtkämpfe mit dem Vater in ihrer Jugend ausgegangen sind. Einmal musste sie sich Geld für einen Urlaub von ihren Freundinnen leihen, was unglaublich beschämend war. Doch der Vater hat ihr kein Geld gegeben, weil Marie in einem Konflikt nicht nachgegeben hat. Ihre Schulden hat sie mit einem Schülerjob abgestottert. Heute ist Marie stolz auf sich. Sie hatte sogar den Eindruck, dass auch ihr Vater stolz auf ihre Stärke war. Doch so eine Machtprobe braucht Marie gerade nicht noch einmal.

Es kann daher auch eine Lösung sein, mit den Wölfen zu heulen. Dann räumt man dem einschüchternden Elternteil ein, dass es das Recht des Stärkeren auf seiner Seite hat. Erwachsene Kinder ertragen dann die Launen, Empfindlichkeiten und Machtgesten. Sie sehen über bedrohliche Auftritte und Drohungen hinweg. Sie spielen, solange es nötig ist, nach den Regeln des Bosses. Manchmal muss man sich eben arrangieren: mit einem sadistischen Lehrer, um sich die Abschlussnote nicht zu verderben; mit unfähigen Vorgesetzten oder aufgeblasenen Kollegen, die eine gute Machtbasis im Unternehmen haben. Das könnte einen unglaublich wütend machen. Doch wenn man es nüchtern betrachtet, passiert nichts Schlimmes. Man spielt nach unfairen Regeln, die einen eine Zeit lang benachteiligen, macht gute Miene zum bösen Spiel und gibt sich mit den kleineren Kuchenstücken zufrieden. Manchmal zeigt sich Freiheit darin, für eine gute Sache zu kämpfen und den Preis dafür zu zahlen. Doch in anderen Situationen ist der frei, der sich anpassen kann, wo sich ein Kampf nicht lohnen würde. Man kann auch in einer inneren Freiheit nachgeben, die einem nichts an Würde nimmt. Betroffene sehen das dann als Charakterschule. Starke Persönlichkeiten wählen ihre Kämpfe. Sie kämpfen nicht aus Prinzip, aus gekränkter Eitelkeit oder um einen unmöglichen Menschen zu bestrafen. Sie können auch verlieren, wenn sie dadurch langfristig ihre Ziele erreichen.

Wer einer Willkürherrschaft nicht entfliehen kann, sollte es sich am

Hof des Tyrannen gut gehen lassen. Das ist möglich, denn einschüchternde Eltern sind keine bösen Menschen. Sie wollen zwar unbedingt die Stärkeren sein, doch loyalen Menschen gegenüber sind sie großzügig.

Mit dem Tyrannen leben

Marie hat eine erstaunliche Entdeckung gemacht: Ihre Mutter gibt zwar immer nach. Nie widerspricht sie dem Vater offen. Anders würde die Ehe wohl nicht funktionieren. Doch erstaunlicherweise setzt die Mutter trotzdem ihre Wünsche durch. Sie schmeichelt der Großzügigkeit des Vaters. Sie bringt ihn auf Ideen, die er nach einer Weile für seine eigenen hält. Sie deutet Wünsche nur an und wartet dann ab, wie der Vater darauf reagiert. Früher hat sich Marie darüber geärgert. Sie fand ihre Mutter unterwürfig. Doch inzwischen entdeckt Marie darin eine Lebensklugheit.

Warum sollte Marie nicht eine Weile bei ihrer Mutter in die Schule gehen, zumindest so lange, bis sie sich unabhängig gemacht hat und ihrem Vater die Stirn bieten kann? Weil Sie Maries Mutter nicht beobachten können, gebe ich Ihnen einige psychologische Tricks an die Hand, die bei ungleichen Machtverhältnissen wirken.

Im Training sozialer Kompetenzen unterscheidet man drei Typen von Situationen. Manchmal hat man selbst die Macht und kann sich durchsetzen, auch wenn es dem anderen nicht gefällt. In anderen Situationen ist die Macht gleich verteilt, weil zum Beispiel beide an einer guten Beziehung oder Zusammenarbeit interessiert sind. Ein dritter Situationstyp heißt »Sympathie gewinnen«. Hier liegt die Macht in der Hand des anderen und man ist auf sein Wohlwollen angewiesen. Dieser Situationstyp ist für uns interessant. Denn wir wollen ja das Entgegenkommen eines tyrannischen Elternteils gewinnen. Dabei äußert man offen und freundlich seine Wünsche. Gleichzeitig signalisiert man, dass der andere völlig frei bleibt, darauf einzugehen oder nicht. Den Boden für eine Großzügigkeit kann man bereiten, indem man selbst in das Wohlbefinden und die Interessen des anderen investiert. Wenn man ein Entgegenkommen des anderen erreicht, äußert man sich wertschätzend und lässt den anderen an seiner Freude teilhaben. Auch einschüchternde Menschen sind gerne großzügig, solange sie nicht das Gefühl haben, dadurch Schwäche zu zeigen.

Zwei weitere psychologische Tricks sind manipulativ, wenn man sie bewusst einsetzt. In unfairen Situationen können sie der Notwehr dienen. Eine Technik, um ein Entgegenkommen zu bewirken, heißt »Fuß in der Tür«. Sie spielt auf Vertreter an, die bei Hausbesuchen ihre Waren anbieten. Sie treten unauffällig mit dem Fuß in die geöffnete Tür, sodass der potenzielle Kunde die Tür nicht einfach wieder schließen kann. Bei der »Fuß in der Tür«-Taktik bittet man den anderen zunächst um einen kleinen Gefallen. Das erzeugt eine großzügige Stimmung und macht es wahrscheinlicher, die eigentliche, größere Bitte erfüllt zu bekommen. Dass dieser Mechanismus oft funktioniert, haben sozialpsychologische Experimente nachgewiesen. Eine weitere Technik heißt humorvoll »Tür ins Gesicht«. Dabei stellt man eine völlig überzogene Möglichkeit in den Raum, im Kundengespräch zum Beispiel eine sündhaft teure Luxusausstattung. Nachdem sich das Entsetzen des anderen gelegt hat, macht man den eigentlichen Vorschlag, der nun bescheiden und realistisch klingt.

Marie zum Beispiel hat Familienfeiern satt, bei denen der Vater im Mittelpunkt steht und ihr andererseits fehlt, was ihr Freude machen würde. Marie könnte hier zum Beispiel fragen, wie der Vater es fände, wenn sie bei der anstehenden Feier einmal bei ihrer Patentante säße (kleiner Wunsch – Fuß in der Tür), um später den Gedanken nachzuschieben, ob man nicht beim Kaffeetrinken eine freie Platzwahl ausprobieren könnte. Oder sie könnte den Vater fragen, ob sie nicht das ganze Programm organisieren und den Vater überraschen könnte (Entsetzen beim Vater – Tür im Gesicht) und dann nach einer Weile den eigentlichen Wunsch offenbaren: selbst einen überraschenden Programmpunkt beizusteuern (der dann vom Vater nicht zensiert werden kann).

Auf dem Weg mit einschüchternden Eltern finden erwachsene Kinder von der Angst zum Respekt. Angst macht klein. Sie fürchtet Strafe und ist zwischen Unterwerfung und Auflehnung gefangen. Respekt dagegen achtet den anderen. Er ereignet sich jedoch zwischen zwei gleichwertigen Menschen. Das hat auch eine spirituelle Seite.

Eine Spiritualität des Respekts

Das vierte Gebot – »Du sollst deine Eltern ehren« – habe ich schon im Kapitel über grenzüberschreitende Eltern erwähnt. Was unser Thema angeht, ist es ein gefährliches Gebot. Denn es kann von Eltern missbraucht werden. Kinder glauben dann, dass sie sich gegen Gott stellen, wenn sie sich gegen ihre Eltern wehren. Ein so verstandenes Gebot nistet sich im Gewissen der Kinder ein. Schlimmstenfalls macht es ein Leben lang gegenüber den Eltern wehrlos. Doch man kann leicht erkennen, dass es so nicht gemeint sein kann. Dafür genügt ein Blick ins Neue Testament.

Jesus beansprucht für sich, dass er die Gebote des Alten Testaments nicht beseitigt, sondern verkörpert (Matthäus 5,17). Als Kind ist er seinen Eltern zwar gehorsam (Lukas 2,15). Doch als Erwachsener lebt er gegenüber seiner Mutter, sie ist inzwischen verwitwet, eine große Freiheit. Er widerspricht ihr (Johannes 2,4). Einmal weist er sie sogar öffentlich ab (Matthäus 12,49-50). Es ist uns auch nicht überliefert, dass sich Jesus sehr um sie gekümmert hätte. Nur kurz vor seinem Tod verbindet er seine Mutter und seinen Schüler Johannes zu einer Gemeinschaft wechselseitiger, liebevoller Fürsorge (Johannes 19,26-27).

Vor diesem Hintergrund können wir das vierte Gebot von Missverständnissen befreien. Die Eltern zu ehren bedeutet nicht, sich als Erwachsener ihren Vorstellungen zu unterwerfen. Das mag Eltern kränken. Doch dann hat die Kränkung ihre Ursache in der falschen Erwartung der Eltern, nicht in einer mangelnden Achtung der Kinder. Eltern zu ehren bedeutet auch nicht, dass sich Kinder den Schwächen ihrer Eltern ausliefern. Im Gegenteil. Kinder können eine Haltung von Liebe und Achtung nur durchhalten, wenn sie sich vor den Schwächen ihrer Eltern schützen.

Ehren ist ein Vorgang, der vor allem im eigenen Inneren geschieht. Das ist auch möglich, wenn ein Abstand oder sogar eine Kontaktpause nötig sind. Wie viele Gelegenheiten es gibt, Liebe und Wertschätzung zu zeigen, das liegt auch am Verhalten der Eltern. Wo sich Eltern selbst liebevoll und fair verhalten, wird es an solchen Gelegenheiten nicht fehlen. Wo sich Eltern dagegen erpresserisch, übergriffig und verletzend verhalten, empfangen sie weniger von ihren Kindern, weil es weniger sichere Situationen gibt. Außerdem können rücksichtslose Eltern den Respekt nicht erkennen, der schon allein darin liegt, dass

Kinder ihnen immer wieder vergeben, ihnen die Wahrheit nicht an den Kopf werfen und den Kontakt nicht abbrechen.

Die Eltern zu ehren drückt sich in einem achtungsvollen Umgang mit ihnen aus, gerade dann, wenn es Eltern nicht verdient haben. Kinder bewahren sich einen Respekt im Herzen, der sie hindert, die Eltern herabzusetzen, zu verachten, zu beleidigen oder zu bestrafen. Kinder würden sich damit auch selbst Gewalt antun. Denn das hieße auch: einen Teil von sich selbst abzulehnen. Vielleicht ist dem vierten Gebot auch deshalb eine Erklärung zugeordnet: »... auf dass du lange lebest und dir's wohlgehe« (5. Mose 5,16; LUT).

Nicht zuletzt kann man »ehren« auch in dem Sinn verstehen, dass man Eltern Gutes wünscht statt Böses. Im Alten Testament wird dem vierten Gebot eine weitere Aufforderung an die Seite gestellt, nämlich die Eltern nicht zu schlagen oder zu verfluchen (2. Mose 21,15.17). Manchen Eltern könnte man die Pest an den Hals wünschen. Sie verhalten sich so, dass sie Strafe und Unglück verdient hätten. Doch Kinder, die sich von ihrem Glauben leiten lassen, tun oder wünschen ihren Eltern trotzdem nichts Böses. Sie trennen gewissermaßen Amt und Person. Vor dem Amt – der Elternschaft – haben sie Respekt, auch wenn die Person versagt haben mag. Sie vergeben den Eltern und wünschen ihnen Gutes. Vergebung heißt nicht immer Versöhnung, denn dazu bräuchte es beide Seiten. Vergebung heißt auch nicht unbedingt Nähe. Wer vergibt, verzichtet auf Wiedergutmachung und auf Strafe. Er oder sie lässt los, was man erlitten hat, gibt den anderen frei und wird selbst frei.

Vor diesem Hintergrund können wir nun erkennen, wie das vierte Gebot auch den Kindern dient. Es ist kein Komplize missbräuchlicher Eltern, wenn es recht verstanden wird. Wie der Hass auch den Hassenden hässlich macht und die Liebe den Liebenden liebenswert, schenkt es den Kindern Würde, wenn sie ihre Eltern ehren. Das ist eine gute Basis für alle erwachsenen Kinder, die mit schwierigen Eltern einen Weg finden müssen. Doch gerade gegenüber einschüchternden Eltern ist Respekt hilfreich. Denn er drückt eine bedingungslose Loyalität aus: »Egal, was du getan hast, tust oder tun wirst, ich werde nie bewusst etwas tun, das dir schadet. Ich werde dich achten und dir Gutes tun, wo immer ich das kann, ohne dabei vom eigenen Lebensweg abzukommen.« Diese Haltung macht den Überlebenskampf überflüssig, der den Stachel Einschüchtern hervorgebracht hat.

Versöhnt leben

Einschüchternde Eltern können einen das Fürchten lehren. Doch heute gibt es weniger Gründe für die Angst. Manchmal mag es Übergangsphasen geben, in denen noch eine Abhängigkeit von den Eltern besteht, zum Beispiel finanziell oder was praktische Unterstützung angeht. Dann kann es sinnvoll sein, mit den Wölfen zu heulen. Dann geben Kinder nach, ertragen Machtdemonstration und verhalten sich loyaler, als es einer Beziehung zwischen Gleichberechtigten angemessen ist. Sobald erwachsene Kinder unabhängig sind, können sie auch einem einschüchternden Elternteil die Stirn bieten. Die Angstreaktion tritt trotzdem ein. Wer ihr standhält, wird sie mit der Zeit überwinden und die eigene Stärke spüren. Einschüchternde Eltern geben es nicht immer zu, doch sie schätzen Menschen, die Stärke zeigen. Wenn das mit Respekt geschieht, können erwachsene Kinder viel erreichen. In den selteneren Fällen, in denen ein Elternteil tyrannisch bleibt, vergrößern Kinder den Abstand und suchen Begegnungen da, wo das Miteinander einigermaßen fair abläuft.

Schwiegerkinder

Schwiegermütter sind sprichwörtlich geworden – als Schreckensgestalt, besonders für die Schwiegertöchter. Doch Schwiegermütter sind ja auch Ehefrau, Freundin, Kollegin und vielleicht Oma – irgendetwas muss an der Rolle *Schwiegermutter* besonders verhängnisvoll sein. Natürlich können auch Schwiegerväter zum Albtraum ihrer Schwiegerkinder werden. Das Verhängnis liegt in der Dreiecksbeziehung, die zwischen Schwiegereltern, Kindern und Schwiegerkindern entsteht. Schwiegereltern haben Erwartungen an ihre erwachsenen Kinder. Je weniger reif sie mit diesen Erwartungen umgehen, desto mehr entsteht eine Konkurrenz: Ein Partner, der noch unter dem Einfluss seiner Eltern steht, sitzt zwischen den Stühlen. Er stellt sich manchmal auf die Seite seiner Eltern, wo er an der Seite des Partners stehen sollte, oder schweigt, wo er die Eltern konfrontieren sollte.

Außerdem hat die Position eines Schwiegerkindes gleich zwei Nachteile. Einerseits kann man den Schwiegereltern nicht einfach aus dem Weg gehen. Sie sind Teil der eigenen Familie geworden. Andererseits ist man nicht ihr Kind, man kann sich nicht sicher sein, von ihnen geliebt zu werden und ihnen wichtig zu sein. Stattdessen werden Schwiegerkinder manchmal wie Eindringlinge empfunden, die nicht wissen, wie man die Dinge richtig sieht und sich richtig verhält. Deshalb können Schwiegerkinder zwar von den Tipps der vorangegangenen Kapitel profitieren, müssen dabei allerdings auf das besondere Dreiecksverhältnis achten. Denn um Schwiegereltern zu entmachten, braucht man eigentlich den Partner. Nur wo sich erwachsene Kinder vom Einfluss der Eltern befreien, verlieren diese auch als Schwiegereltern ihren Schrecken.

Schwiegereltern entwaffnen

Wenn sich ein Paar einig ist, bricht es die Macht von Schwiegereltern schnell. Es braucht nur die Entschlossenheit, das Thema einmal anzugehen. Dann findet ein Paar einen Weg, wie es den (Schwieger-)Eltern mit einer liebevollen Stärke begegnet und ein faires Miteinander durchsetzt.

Doch nicht immer ist sich ein Paar einig. Manche Partner sind gegenüber den Schwächen ihrer Eltern abgestumpft: »So sind sie eben. Warum soll man mit ihnen streiten? Sie werden sich nicht ändern. Man muss sie eben ertragen.« Doch dann stehen Schwiegerkinder allein da. Sie sind nicht abgestumpft, sondern sie leiden. Sie haben nicht resigniert, sondern sind entschlossen, etwas zu verändern und nicht alles zu ertragen, was die Schwiegereltern ihnen zumuten. Wenn man es genau betrachtet, haben Schwiegerkinder dann kein Problem mit den Schwiegereltern, sondern ein Partnerschaftsproblem. Denn ihr Partner verschließt die Augen und macht sich auch stumpf gegenüber dem, was der andere von den Schwiegereltern erleidet. Deshalb findet sich der Ansatzpunkt zunächst in der Paarbeziehung. Hier finden Sie einen kleinen Crashkurs für den Umgang mit einem Partner, der gegenüber schwierigen Eltern resigniert hat:

- Kritisieren Sie die Schwiegereltern nicht. Die dürfen bleiben, wie sie sind, und sein, wie sie wollen. Doch auch Sie dürfen so sein, wie Sie sind, und auf die Schwiegereltern reagieren, wie es Ihnen und Ihrem Wohlbefinden entspricht.
- Kritisieren Sie nicht, wie Ihr Partner mit den Eltern umgeht. Abstumpfung ist auch ein Weg. Im Alter werden viele Schwiegereltern milder und es kann wieder ganz nett mit ihnen werden. Aber Abstumpfung ist vielleicht nicht Ihr Weg. Auch dazu dürfen Sie stehen.
- Bleiben Sie bei sich und beschreiben Sie Ihrem Partner ohne Vorwürfe, dafür aber mit Beispielen, wie es Ihnen mit den Schwiegereltern geht und warum Sie sich das auf Dauer nicht mehr vorstellen können.

- Machen Sie Ihrem Partner konkrete Vorschläge, wie er Sie vor den Schwiegereltern besser schützen könnte. (Anregung finden Sie in den verschiedenen Kapiteln dieses Buches.)
- Machen Sie Ihrem Partner deutlich, dass Sie zur Not auch allein einen Weg gehen werden, an dessen Ende Sie sich mit den Schwiegereltern wieder wohlfühlen werden. Meist beinhaltet das, gegenüber den Schwiegereltern auszusprechen, dass man sich mit ihnen nicht wohlfühlt und warum das so ist. Das lädt Schwiegereltern zu einer besseren Beziehung ein. Vielleicht ändert sich etwas. Wenn nicht, können Sie Besuche einschränken oder vermeiden, mit den Schwiegereltern Zeit allein zu verbringen. Sie können sogar etwas anderes unternehmen, wenn die Schwiegereltern zu Besuch kommen.

Verlieren Sie dabei weder den Glauben an Ihren Partner noch an Ihre Schwiegereltern. Der Weg in eine bessere Zukunft steht immer offen.

Nun wird es für Ihren Partner ungemütlich. Vielleicht wird er Ihnen Druck machen, sich wieder mehr an die Schwiegereltern anzupassen und das Problem bei sich zu suchen. Halten Sie diesem Druck stand und erklären Sie immer wieder geduldig, warum manche Situation so unangenehm für Sie ist und dass Sie sich dieser nicht ohne Schutz ausliefern wollen. Gehen Sie nicht auf Schuldfragen ein, ob das Problem bei Ihnen, beim Partner oder bei den Schwiegereltern liegt. Machen Sie Ihrem Partner stattdessen weiter Vorschläge, wie Sie so mit den Schwiegereltern umgehen könnten, dass es vielleicht für beide passt. Wo Ihr Partner darauf noch nicht eingehen kann, bleiben Sie auf Ihrem Weg.

Wenn Sie Kinder haben, müssen Sie wohl oder übel Kompromisse machen. Denn Ihre Kinder werden Sie den Schwiegereltern nicht entziehen können oder wollen. Vertrauen Sie, dass Ihre Kinder einen Weg finden, mit schwierigen Verhaltensweisen der Großeltern umzugehen – Kinder, die geborgen aufwachsen, finden ihren Weg, sich zu schützen, und außerdem haben Ihre Kinder ja auch Eigenschaften Ihres Partners, der seine Eltern überlebt hat.

Manche erwachsene Kinder können ihre Eltern ertragen, weil sie ihre Gefühle in der Nähe ihrer Eltern abschalten können. Das schützt sie, kann aber Partner in den Wahnsinn treiben, die diese Fähigkeit nicht haben. Doch auch das Gegenteil macht den Umgang mit den

Schwiegereltern bedrohlich: wenn erwachsene Kinder so empfindsam geworden sind, dass sie Konflikte mit den Eltern aus dem Gleichgewicht bringen.

Traumatisierende Schwiegereltern entmachten

Manche erwachsene Kinder spüren, wie schädlich die Beziehung zu den Eltern ist. Doch für jeden Konflikt, den sie wagen, zahlen sie einen hohen Preis. Danach quälen sie Zorn, Kränkung, Schuld- und Ohnmachtsgefühle. Sie erschrecken dann, wenn das Telefon klingelt: Es könnten die Eltern sein. Vor einem Besuch sind sie tagelang angespannt. Lohnt sich das? Oder sollte man sich nicht lieber wie früher den Eltern anpassen, still leiden und froh sein, wenn ein Besuch vorüber ist? Menschen, die das so erleben, sind von ihren Eltern traumatisiert. Schlimme Erfahrungen von früher stecken noch in ihrem Nervensystem fest und aktivieren sich in heutigen Konflikten. Ihr Gehirn kann früher und heute noch nicht unterscheiden. Denn heute sind Kinder ja nicht mehr so ausgeliefert wie früher. Doch was nützt dieses Wissen, wenn das Gefühlsleben nach jeder Begegnung mit den Eltern aus der Bahn gerät und Betroffene schlimme Stunden oder sogar Tage durchmachen?

Die Weisheit der Partnerwahl führt traumatisierte Kinder oft zu starken Ehepartnern, die ganz gut mit den Schwiegereltern klarkommen. Sie können ihnen Grenzen setzen und sie nach etwas Verhandlung für einen fairen Umgang gewinnen. »Mach es doch einfach so wie ich«, schlagen sie dann ihrem traumatisierten Partner vor. Doch das ist nicht so einfach, wenn man von alten Gefühlen überflutet wird, sobald man den Eltern gegenübersteht.

Traumatisierte Kinder müssen ein Gefühl der Kontrolle zurückgewinnen und die beginnt mit der Kontrolle von Nähe und Abstand. Es braucht den Mut, die Nähe zu den Eltern so zu regulieren, dass wieder ein Gefühl von Sicherheit entsteht. Oft kann der Partner dann wie ein Schutzschild zwischen dem traumatisierten Kind und den Schwiegereltern auftreten. Er kann verhindern, dass es zu Begegnungen ohne ihn kommt. In kritischen Situationen kann er das Wort ergreifen. Er kann auch einmal allein und gewissermaßen stellvertretend zu Familienfeiern kommen. Falls die Schwiegereltern protestieren oder nachfragen, eignet sich eine Erklärung, die zwar das Thema andeutet, aber nicht ins Detail geht: »Ihr wisst ja, dass ihr keine so leichte Geschichte miteinander habt« oder: »Verena setzt sich gerade mit ihrer Kindheit auseinander und braucht etwas Abstand. Aber keine Sorge, es wird zwar Zeit brauchen, dann wird es aber sicher wieder gut«. Mit viel Sicherheitsabstand können traumatisierte Kinder wieder positive Erfahrungen machen. Irgendwann kommt der Punkt, an dem sie sich den Eltern nicht mehr ausgeliefert fühlen. Sie haben Stärke gewonnen und können die Empfehlungen dieses Buches anwenden.

Manchmal allerdings stehen traumatisierte Kinder ihren Eltern gegenüber wie das Kaninchen vor der Schlange. Sie haben zwar furchtbar Angst, bringen sich aber nicht in Sicherheit. Sie folgen ihrem verzweifelten Wunsch nach Abstand nicht. Stattdessen lassen sie sich immer wieder auf Kontakt ein und liefern sich den Eltern aus. Ihre Partner stehen hilflos daneben. Ganz entgegen der schützenden Rolle, die sie oft in der Beziehung einnehmen, sollten die Schwiegerkinder dann zu einer klaren Linie finden und dem Ehepartner deutlich machen: »Du brauchst mehr Abstand von deinen Eltern. Das kommt dir vielleicht bedrohlich und überfordernd vor. Aber die ersten Schritte kannst du gehen. Das schaffst du. Ich helfe dir dabei. Es wird nicht viel passieren. Ich unterstütze dich auch, wenn du dafür professionelle Hilfe brauchst. Wenn du dich aber weiter so auslieferst, dann trage ich das nicht mehr mit. Du musst dir dann andere Gesprächspartner für dieses Thema suchen. Wenn es dir wegen deiner Eltern so schlecht geht, werde ich mich von dir zurückziehen und es mir allein schön machen. Ich habe es nicht verdient, zum Opfer deiner Eltern zu werden – und ich finde, du auch nicht.«

Traumatisierte Partner, die sich an einer solchen Klarheit orientieren können, bringen sich früher oder später in Sicherheit. Dann kann sich ein Paar dem Problem mit den (Schwieger-)Eltern stellen, gemeinsam und deshalb wirkungsvoll.

Weil sich die meisten schwierigen Situationen bei Besuchen ergeben, lohnt es sich, die Regeln der Gastfreundschaft einmal genauer zu betrachten.

Schwiegereltern und die Regeln der Gastfreundschaft

Wir machen uns das nicht immer bewusst, doch jede Gastfreundschaft beruht auf einem feinfühligen Umgang mit Zumutungen. Der Gast tritt in die Welt des Gastgebers ein und muss mit dem zurechtkommen, was er dort vorfindet: der Einrichtung, den Umgangsformen, den Abläufen, den Getränken und Mahlzeiten. Ein Gast zeigt auch da Wertschätzung, wo der Gastgeber seinen Geschmack nicht trifft. Ein Gast erträgt höflich, wenn ein Gastgeber seine Bedürfnisse nicht erkennt. Im Gegenzug tut ein Gastgeber alles, damit sich ein Gast wohlfühlen kann. Er erkundet aufmerksam, was dazu nötig ist.

Dieses Wechselspiel ist nicht immer einfach. Wer könnte keine Geschichten von missglückten Besuchen erzählen? Von Gästen, nach deren Gehen man aufatmet. Von Gastgebern, deren Einladung man kein zweites Mal annimmt. Schwiegereltern können jedoch zum Härtefall der Gastfreundschaft werden. Denn sie besucht man häufig und oft länger als zum Beispiel Freunde. Ihre nächste Einladung kann man kaum ausschlagen, nur weil man sich beim letzten Mal nicht wohlgefühlt hat. Außerdem begegnet man bei Besuchen nicht nur den Schwiegereltern, sondern manchmal der ganzen Sippe, zum Beispiel bei Geburtstagen oder Familienfesten. Dann sind Geschwister da, Tanten und Onkel oder Großeltern. Schwiegerkinder sind dann einer Familienkultur ausgesetzt, die alle für selbstverständlich halten. In manchen Familien herrscht ein spöttischer Humor, der für angeheiratete Partner verletzend sein kann. Manche Familien entspannen sich bei oberflächlicher Konversation, während Schwiegerkinder das Gefühl haben, emotional zu verhungern. Sie fühlen sich austauschbar und erleben kein persönliches Interesse. In anderen Familien wird laut gestritten, werden schamlos Konkurrenzkämpfe ausgetragen, wird eines der Geschwisterkinder noch heute gemobbt, gibt es eine allseits bewunderte Person, die alle Aufmerksamkeit an sich bindet usw. All das mag ja für die Familie in Ordnung sein, doch sobald ein Gast da ist, der nicht aus der Sippe stammt, verpflichtet die Gastfreundschaft zu Aufmerksamkeit: Fühlt sich ein Gast mit unserer Familienkultur wohl? Allen schwierigen Eltern und Schwiegereltern ist gemeinsam, dass sie sich diese Frage nicht stellen. Schwiegerkinder haben dann nur zwei schlechte Möglichkeiten: Entweder leiden sie still oder sie erscheinen als undankbarer, unzufriedener oder überempfindlicher Gast. Denn die Höflichkeit gebietet ja, als Gast dankbar zu empfangen, was man vorfindet. Sich aus dieser Position gegen die Familienkultur zu stemmen, ist zwar nicht unmöglich, aber sehr, sehr schwierig.

Es ist deshalb zuallererst Aufgabe des erwachsenen Kindes, in seiner Herkunftsfamilie echte Gastfreundschaft einzufordern. Oft gelingt das mit geduldiger Aufklärung. Das kann zum Beispiel so klingen:

- »Papa, ich finde, wir sind eine tolle Familie. Aber in einer Sache sind wir extrem. Ich glaube, dass es nicht viele Familien gibt, in denen so laut gestritten wird. Ich habe mich daran gewöhnt, aber für Marlies ist das bedrohlich. Sie hat doch auch das Recht, sich wohlzufühlen. Vielleicht denkst du jetzt: In meinem Zuhause kann ich mich so verhalten, wie ich es für richtig halte. Das stimmt auch, solange keine Gäste da sind. Wenn du erwartest, dass Marlies das einfach erträgt, wird sie irgendwann nicht mehr gerne kommen.«
- »Oh, Bruderherz, das war jetzt wirklich bloßstellend, was du zu Katharina gesagt hast. Ich bin oft auch nicht besser, aber ich frage mich immer mehr, ob wir nicht wertschätzender miteinander umgehen sollten. Wenigstens ihr gegenüber können wir damit mal anfangen. Das geht so nicht mehr für mich. Ein erster Schritt wäre, dass du nicht mit den Augen rollst, wie du es jetzt gerade tust. Oder von mir aus nur mir gegenüber und nicht bei Katharina.«
- »Mama, jetzt ist mal gut. Du merkst wahrscheinlich gar nicht, wie sehr du Tim gerade bedrängst und in welche Verlegenheit du ihn bringst. Wenn ich mit Tims Augen auf unsere Familie sehe, dann fällt mir auf, wie sehr wir uns einmischen und wie schwer es uns fällt, unterschiedliche Sichtweisen einfach mal stehen zu lassen.«
- »Papa, wir sind als Familie ja nicht so wahnsinnig gut darin, über Gefühle zu sprechen und uns persönlich für andere zu interessieren. Das ist auch okay so. Aber ich fände es schön, wenn du bei jedem Besuch einmal nachfragst, wie es Hanna geht. Das ist eine kleine Geste, die ihr viel bedeuten würde. Es braucht gar kein tiefschürfendes Gespräch dafür.«

So kann man zur Not immer wieder die gleiche Botschaft aussenden: Schwiegerkinder sind Gäste und verdienen Gastfreundschaft. Keiner kann erwarten, dass sie sich einer fremden Familienkultur einverleiben lassen. Wer seine Gäste schlecht behandelt, muss damit rechnen, dass sie nicht mehr kommen. Die Beispiele zeigen auch: Für die erwachsenen Kinder ist es viel leichter, auf Schwächen der eigenen Familienkultur aufmerksam zu machen. Dann stellt sich gar nicht die Frage, ob der Partner, der nicht aus der Familie stammt, zu empfindlich oder zu kritisch ist. Außerdem sind Schwiegerkindern durch Höflichkeitsregeln die Hände gebunden. Denn einem Gastgeber zu sagen, dass seiner Gastfreundschaft etwas fehlt, geht eigentlich nicht. Deshalb könnten Schwiegereltern hier dem eigentlichen Thema ausweichen: »Wie kannst du nur! Das kränkt uns. Du bist undankbar.« Für das eigene Kind ist es leichter. Wenn der Partner, der zur Familie gehört, noch nicht bereit ist, den andern zu schützen, dann liegt ein Paarproblem vor. Das können Schwiegerkinder mit den Empfehlungen oben angehen.

Vom verhängnisvollen Dreieck zu einem liebevollen Gegenüber

Schwiegerkinder atmen auf, wenn sich die verhängnisvolle Dreiecksbeziehung zwischen ihnen, dem Partner und den Schwiegereltern auflöst. Dann steht das Paar den Schwiegereltern gegenüber: liebevoll, wertschätzend, offen, vergebend und bereit, das eine oder andere zu ertragen. Doch gemeinsam ist ein Paar so stark, dass es sich nicht zum Opfer der (Schwieger-)Eltern und ihrer Schwächen machen muss. Es richtet sich nach einem Grundsatz, der eine Selbstverständlichkeit ist: Wenn wir uns wohl miteinander fühlen, können wir uns nahe sein, wenn nicht, gehen wir auf Abstand. Auf diese Weise entsteht eine Beziehung, die sich gut regulieren lässt. Im Zweifelsfall haben die Schwiegereltern die größere Sehnsucht nach Nähe und lassen sich diese etwas kosten, selbst wenn sie sich dafür etwas bewegen müssen. Wo sich Schwiegereltern aber so hart gemacht haben, dass sie lieber ihre Kinder aufgeben als ihr unfaires Verhalten, dann lohnt sich keine Mühe mehr. Kinder dürfen das Scheitern der Beziehung annehmen und betrauern. Kleine Möglichkeiten, sich zu begegnen, finden sich meist dennoch. Kinder können außerdem die Tür zu einer besseren Zukunft offen lassen. Wie das genau bei den speziellen (Schwieger-)Eltern aussieht, findet sich in den vorangegangenen Kapiteln.

Viele Paare, die ich begleitet habe, erleben einen zweiten Frühling, wenn die Schwiegereltern entmachtet sind. Erst im Nachhinein kann das Paar spüren, wie groß die Last war, die es durch die schwierige Beziehung zu den (Schwieger-)Eltern getragen hat. Sie hat so viel Energie gekostet, so viel schwierige Gespräche erfordert und sogar zu Streit in der Paarbeziehung geführt. Paare staunen deshalb über die Leichtigkeit, die in ihre Beziehung einzieht, wenn das Verhältnis zu den Schwiegereltern geklärt ist. Es ist plötzlich mehr Energie da, die ein Paar in lohnende Aufgaben investieren kann.

Nachwort: Und jetzt das Leben feiern

Nun haben Sie sich Ihren Eltern oder Schwiegereltern noch einmal neu gestellt. Sie haben vermutlich den Schmerz gespürt, den man fühlt, sobald man genauer hinsieht. Sie haben vielleicht getrauert, losgelassen, Erleichterung erfahren, Befreiung erlebt und Siege gefeiert. Sie haben Auseinandersetzungen aufgegeben, die zu nichts führen. Vielleicht haben Sie in eine schönere Beziehung gefunden, vielleicht aber auch einen Sicherheitsabstand hergestellt und bemühen sich um liebevolle Gefühle, die offen für eine bessere Zukunft bleiben. Vermutlich haben Sie sich in alledem auch selbst noch besser kennengelernt. Dann empfinden Sie die Seelenverwandtschaft, die Kinder schwieriger Eltern verbindet:

- »Wir fühlen uns unendlich schuldig, wenn wir aussprechen, dass wir schlecht behandelt worden sind.«
- »Wir zweifeln lieber an uns selbst.«
- »Wir suchen verzweifelt nach dem Trick, der uns in die Kinder verwandelt, mit denen die Eltern ganz zufrieden sind und denen sie ihre besten Seiten zeigen können.«
- »Es fällt uns heute noch schwer, uns gegen schlechte Behandlung zu wehren. Stattdessen gleichen wir lieber aus und verhindern angestrengt ein Scheitern.«

So habe ich es in der Einführung beschrieben. Doch das ist nur der Ausgangspunkt. Denn wir können uns nun das Beste aus beiden Welten erobern: die schwere Gabe, die Kinder schwieriger Eltern empfangen, und die beflügelnde Kraft, die Kinder reifer, unterstützender Eltern mit ins Leben nehmen. Die Feinfühligkeit, die Wachsamkeit und das Verantwortungsgefühl, die in uns Kindern schwieriger Eltern lebt, entwickeln sich nur in hartem Training. Und wir haben trainiert. Ein Leben lang, weil wir nur so emotional überlebt haben. Doch nun steht uns das als Gabe zur Verfügung. Sie entfaltet sich, je mehr wir uns von falschen Schuldgefühlen befreien und je besser wir uns schützen können, wo es heute einmal nötig ist. Damit befreien wir uns auch von Überreaktionen, zu denen es kommt, wenn wir einmal in die Gefühle der Kindheit zurückrutschen.

Vielleicht haben Sie wie ich manchmal Menschen beneidet, die mit einem anderen Lebensgefühl gestartet sind, die selbstverständlicher und leichter entscheiden und mehr Kraft haben, weil sie nicht durch Schuldgefühle, Unsicherheit und Gefühlsturbulenzen gebremst werden. Sie sind mit sich selbst, ihrem Leben und ihren Beziehungen glücklich, solange nicht etwas wirklich Schlimmes passiert. Doch diese kraftvolle Leichtigkeit erobern sich Kinder schwieriger Eltern auch. Auf dem Weg dorthin geschieht das, was Sie vielleicht schon in der Anwendung dieses Buches erlebt haben: Sie lassen falsche Schuldgefühle und Überverantwortlichkeit hinter sich. Sie setzen sich keine Minute länger als nötig einer schlechten Behandlung aus. Denn Sie spüren, dass Sie das nicht verdient haben. Stattdessen setzen Sie Ihre Leidenschaft da ein, wo es sich lohnt: im Leben der Menschen, die Sie lieben, und in den Aufgaben, die Ihnen anvertraut sind. Doch Kinder schwieriger Eltern verlieren die schwere Gabe nie, die ihnen in der Kindheit zugefallen ist. Gute Beziehungen machen sie in einer Weise dankbar, die sie manchmal zu Tränen rührt. Ihre Empathie für jeden, der leidet, bleibt. Sie feiern das Leben und werden überrascht von Freude, wie nur der sich von einer einfachen Mahlzeit beschenkt fühlt, der einmal Hunger gelitten hat.

Wenn der Weg länger ist

Der Weg, den ich in diesem Buch beschrieben habe, kann manchmal länger dauern. Dann ordnet sich das Verhältnis zu Eltern und Schwiegereltern über Jahre: Jeder Schritt auf diesem Weg lohnt sich, denn er macht die Beziehung ein wenig besser und das gibt Hoffnung für den weiteren Weg. Unser Verständnis vertieft sich dabei Schicht um Schicht. Auch unsere Handlungsmöglichkeiten erweitern sich allmählich. Denn für gute Reaktionen braucht man auch das passende Gefühl und die richtige Haltung – und die entwickeln sich manchmal erst mit der Zeit. Wenn Ihnen das Buch neue Einsichten und Möglichkeiten geschenkt hat, dann nehmen Sie es ruhig in einem halben Jahr noch einmal zur Hand. Plötzlich werden Sie Dinge entdecken, die Ihnen beim ersten Lesen gar nicht aufgefallen sind. Empfehlungen, die vielleicht unklar oder überfordernd schienen, können Sie plötzlich umsetzen, als hätten Sie nie etwas anderes getan. Sie haben sich in der Zwischenzeit einfach weiterentwickelt.

Wenn Sie auf diesem Weg noch Impulse brauchen, kann Ihnen vielleicht auch mein Videocoaching »Stachlige Persönlichkeiten« helfen, auf das ich am Ende dieses Buches hinweise. Dort werden Sie auf die verborgenen Einfallstore aufmerksam, durch die bestimmte Menschen Macht über Ihr Gewissen und Ihre Gefühle gewinnen. Sie lernen weitere Möglichkeiten kennen, wie Sie gelassen, versöhnlich und konstruktiv auf schwieriges Verhalten reagieren.

Bin ich eigentlich selbst eine gute Mutter und ein guter Vater?

Man kann ein Buch wie dieses kaum lesen, ohne sich diese Frage zu stellen. Wenn ich einmal Kinder habe, werden sie nicht auch unter mir leiden, womöglich noch als Erwachsene? Wie geht es meinen Kindern wohl mit mir und meinen Schwächen? Trage nicht auch ich ein belastendes Familienerbe weiter? Wenn mir Menschen solche Fragen stellen, kann ich sie beruhigen. Denn die Eltern und Schwiegereltern, die ich in diesem Buch beschreibe, haben sich das nie ernsthaft gefragt. Sie haben die Frage verdrängt, ob sich ihre Kinder mit ihrem Verhalten wohlfühlen. Sie haben das Leid ihrer Kinder mit Phrasen abgetan: »Ich bin als Kind auch ... und es hat mir nicht geschadet.« Sie haben das eigene Böse in die Kinder projiziert: »Weil du so ... bist, muss ich so hart zu dir sein.« Eltern dagegen, die echte Sorge um das Wohl ihrer Kinder spüren, sind ausreichend gute Eltern. Sie nehmen wahr, wie es ihren Kindern geht, und können sich korrigieren, wenn sie überreagieren. Sie haben ein offenes Ohr, wenn Kinder aussprechen, was ihnen in der Familie nicht guttut. Das reicht. Wenn Kinder dieses Interesse an ihrem Wohlergehen spüren, aussprechen dürfen, wie es ihnen geht, und erleben, dass sich Eltern auch korrigieren, können sie sich gut genug entwickeln. Die Beziehung zu den Eltern hat eine schöne Zukunft, auch wenn es in der Pubertät vielleicht einmal zu Krisen, Rückzug oder Streit kommt. Falls Sie trotzdem den Wunsch verspüren, Ihren Kindern zuliebe an Ihren Schwächen zu arbeiten, empfehle ich Ihnen mein Buch »Meine Stacheln. Wie Sie Ihre Schwächen entschärfen«.

Es gibt Hoffnung

In über zwanzig Berufsjahren habe ich unzählige Menschen begleitet, die unter Eltern oder Schwiegereltern gelitten haben. Immer haben wir große Verbesserungen erreicht. In etwa der Hälfte der Fälle steht die Beziehung zu den Eltern am Ende auf einer neuen Grundlage. Man begegnet sich auf Augenhöhe, das Miteinander ist liebevoller, fairer und leichter. Doch der anderen Hälfte der Betroffenen bleibt nichts, als in ein Scheitern der Beziehung einzuwilligen, zumindest in einigen Bereichen. Manches ist mit den Eltern oder Schwiegereltern einfach nicht möglich, zum Beispiel ein offenes Gespräch. Das ist traurig. Doch auch dann sind Betroffene befreit. Sie müssen nicht um etwas kämpfen, was nicht möglich ist. Sie begegnen Eltern oder Schwiegereltern da, wo man positive Erfahrungen miteinander machen kann. Sie können ohne Schuldgefühle auf Abstand bleiben, wo Eltern sie nur in eine ungesunde Beziehung hineinziehen würden. Zu welcher Hälfte Sie wohl gehören? Das haben Sie vielleicht inzwischen herausgefunden. Oder Sie entdecken es, wenn Sie für eine Weile mit den Empfehlungen dieses Buches leben. Ich wünsche Ihnen alles Gute dabei!

Gemeinsam mit Ihnen auf dem Weg
Ihr
Jörg Berger (www.stacheln.com)

Literaturverzeichnis

Berckhan, Barbara (1999): Die etwas intelligentere Art, sich gegen dumme Sprüche zu wehren : Selbstverteidigung mit Worten. Kösel Verlag, München.

Berger, Jörg (2014): Stachlige Persönlichkeiten. Wie Sie schwierige Menschen entwaffnen. Francke-Buch, Marburg.

Berger, Jörg (2015): Meine Stacheln. Wie Sie Ihre Schwächen entschärfen. Francke-Buch, Marburg.

Berger, Jörg (2016): Stacheln in der Partnerschaft. Wie Sie Ihre Liebe vor Verletzungen schützen. Francke-Buch, Marburg.

Bernstein, Albert J. (2012): Emotional Vampires. Dealing with People Who Drain You Dry. McGraw-Hill Publ., New York.

Bleisch, Barbara (2019): Warum wir unseren Eltern nichts schulden. Btb Verlag, München.

Bode, Sabine (2009): Kriegsenkel. Die Erben der vergessenen Generation. Klett Cotta, Stuttgart.

Bordt SJ, Michael (2018): Die Kunst, die Eltern zu enttäuschen. Vom Mut zum selbstbestimmten Leben. Elisabeth Sandmann Verlag, München.

Bramson, Robert M. (1988): Coping with Difficult People. Random House Publ., New York.

Canetti, Elias (2012; 1974): Der Ohrenzeuge. 50 Charaktere. Fischer Taschenbuch Verlag, Frankfurt am Main.

Chapman, Gary D. (2012): Die andere Seite der Liebe: Ärger, Wut und Zorn. Wie negative Gefühle zur positiven Kraft werden. Brunnen Verlag, Gießen.

Goleman, Daniel (2011): Emotionale Intelligenz. Deutscher Taschenbuch Verlag, München.

Gordon, Thomas (2013): Gute Beziehungen. Wie sie entstehen und stärker werden. Klett-Cotta Verlag, Stuttgart.

Grabe, Martin (2007): Lebenskunst Vergebung. Francke-Buch, Marburg.

Grün, Anselm (2021): Die Ablösung von den Eltern. Einfach Leben, 2021/1. Herder, Freiburg.

Hinsch, Rüdiger und Pfingsten, Ulrich (2012): Soziale Kompetenz kann man lernen. Beltz Verlag, Weinheim.

Kämmerer, Annette (2007): Vergeben: eine Quelle von Wohlbefinden. In R. Frank (Hrsg.), Therapieziel Wohlbefinden. Ressourcen aktivieren in der Psychotherapie. S. 227–235. Heidelberg, Springer.

König, Karl (1999): Kleine psychoanalytische Charakterkunde. Vandenhoeck und Ruprecht Göttingen.

Lelord, François und André, Christophe (2011): Der ganz normale Wahnsinn. Vom Umgang mit schwierigen Menschen. Rheda-Wiedenbrück Verlag, Gütersloh.

Noyon, Alexander und Heidenreich, Thomas (2012): Existenzielle Perspektiven in Psychotherapie und Beratung. Beltz Verlag, Weinheim.

Reiss, Neele und Vogel, Friederike (2014): Empathische Konfrontation in der Schematherapie. Beltz Verlag, Weinheim.

Riemann, Fritz (1961): Grundformen der Angst. Eine tiefenpsychologische Studie. Ernst Reinhard Verlag, München.

Schmitz, Bernd (2002): Kognitive Verhaltenstherapie bei Persönlichkeitsstörungen und unflexiblen Persönlichkeitsstilen. Pabst Science Publ., Lengerich.

Schulz von Thun, Friedemann (2014): Miteinander reden. Band 1–4. Rowohlt Verlag, Reinbek.

Wade, N.G; Johnson, C. V.; Meyer, J. E. (2008): Understanding the concerns about the use of interventions to promote forgiveness in therapy: A review of the literature. Psychotherapy: Theory, Research, Practice, Training, 45, 88–102.

Wade, N. G.; Worthington, E. L. Jr.; Meyer, J. E. (2005): But do they work?: A metaanalysis of group interventions to promote forgiveness. In E. L. Worthington, Jr. (Ed.).

Wardetzky, Bärbel (2004): Ohrfeige für die Seele: Wie wir mit Kränkung und Zurückweisung besser umgehen können. Deutscher Taschenbuch Verlag, München.

Young, Jeffrey E. (2012): Kognitive Therapie der Persönlichkeitsstörungen. Ein schemafokussierter Ansatz. Dgvt Verlag, Tübingen.

Young, Jeffrey E. (2015): Schematherapie. Ein praxisorientiertes Handbuch. Junfermann Verlag, Paderborn.

Weitere Bücher von Jörg Berger

Stachlige Persönlichkeiten
Wie Sie schwierige Menschen entwaffnen
ISBN 978-3-86827-474-5
176 Seiten Paperback
auch als E-Book erhältlich

Hörbuch
ISBN 978-3-86827-529-2

Die Eigenarten mancher Menschen rauben Kraft und Nerven. Der Psychotherapeut Berger zeigt, wie Sie sich fair schützen und der Beziehung eine neue Chance geben. Psychologisch fundiert, unterhaltsam, mit vielen Praxisbeispielen.

Meine Stacheln
Wie Sie Ihre Schwächen entschärfen
ISBN 978-3-86827-530-8
206 Seiten, Paperback
auch als E-Book erhältlich

Hörbuch
ISBN 978-3-86827-576-6

Arbeitsheft
ISBN 978-3-86827-577-3

Unter Stress fahren wir unsere Stacheln aus, verletzen andere, ängstigen und enttäuschen sie. Selbst Menschen, die wir mögen, machen wir manchmal das Leben schwer. Berger zeigt Wege, wie Sie Ihre Stacheln erkennen, entschärfen und allmählich entbehrlich machen.

Stacheln in der Partnerschaft
Wie Sie Ihre Liebe vor Verletzungen schützen
ISBN 978-3-86827-612-1
186 Seiten, Paperback
aus als E-Book erhältlich

Hörbuch
ISBN 978-3-86827-637-4

Warum verletzen sich Partner gegenseitig, Menschen, die einander lieben? Auch in der Partnerschaft fahren wir unsere Stacheln aus, mit denen wir uns in Stresssituationen schützen. Lernen Sie, unnötige Verletzungen zu verhindern.

Stachliger Glaube
Wie wir Gott auf Abstand halten,
ohne es zu merken
ISBN 978-3-86827-686-2
189 Seiten, Paperback
auch als E-Book erhältlich

Hörbuch
ISBN 978-3-86827-723-4

Arbeitsheft
ISBN 978-3-86827-732-6

Alle Menschen haben Stacheln, die sie ausfahren, wenn sie sich in einer Beziehung unwohl fühlen. Diese Schutzmechanismen richten sich auch auf Gott und schränken die Nähe zu ihm spürbar ein. Lernen Sie, Ihre Stacheln abzulegen und sich auf die Gegenwart Gottes einzulassen!